うっかり失敬《しっけい》

浅生鴨

neconos

ネコノス文庫

またしてもお詫びから

それにしても、まさかこんなことになるとは思わなかった。本当にうっかりしていた。もともとは、あちらこちらに散らばったままの雑文やら言葉の断片やらを、ある程度まとめておこうと思った。それだけのことなのだ。

音楽にしてもCMやポスターといった広告仕事にしても、僕はこれまでに自分がやった仕事、つくったものを殆ど手元に残していない。手書きの原稿は、ひと通り書き終わってゲラの形になったら、その時点でシュレッダーへ放り込むことにしている。後に残すことにあまり興味がないし、ずっとそれでいいと思っていた。

それなのになぜか過去に書いたものをまとめようとしているのは、うっかり「文学フリマ」なるイベントに申し込んでしまったせいで、さすがにブースを一つもらうのに手ぶらで参加するわけにもいかないから、何かしら出品するものを用意する必要があったのだ。

もちろん書く時間はない。新たに書くのなら、いくらでも書かなければならない原稿はあるし、むしろそっちのほうが大切だ。とっくに書き上げていなければならない原稿は大幅に遅れるどころか、もはや何周もの周回遅れになっていて、多くの方々に迷惑をかけている。

そこで、これまでに書いたものをまとめることにして、今こうやって手元に集めたものをぼんやり眺めながら、何やら不思議な気分になっている。これまでに僕が辿ってきた思考の形跡が明らかにここにはあって、これはもう間違いなく自分の書いたものなのだけれども、ところが今の自分とは感性が微妙に違っているのだ。僅か数年で、人はこんなにも変わるのかと驚く。だからこれを紙の形でまとめておくのは、つまり僕自身のためなのだなと、ようやくわかった。

客観的に見れば、愚にもつかない雑文駄文落書きをただ集めただけの代物で、とても人様にお見せできるような文章ではないし、似たようなことを何度も書いているし、いくら文学フリマが同人誌のイベントだとはいえども、さすがにこれを商品として売って良いのだろうかと自問したが、逆に考えれば同人誌のイベントだからこそ、半ば遊びとして売れば良いのだと開き直ることにした。

印刷所へ入れるために、集めた文章をざっと並べて版を組んでみると、文庫本サイズで八〇〇ページを遥かに超えている。細かなバカ文章からどうでもいいダジャレやら回文までで全部入れてしまっているからなのだが、その量に自分でも驚く。とはいえ、これはあくまでも自分のための記録なのだと考えると、できるだけ取捨選択はせずに残しておきたい。

しかたなく全体を二つに分けて、なんとか四〇〇ページ弱に収めた文庫を二冊つくるという、もはや自主制作本なのか何なのかよくわからないことになってしまった。

こんな雑文駄文集を二冊も読む人がいるとは思えないが、運悪く二冊とも読む羽目になる人がいるとしたら、今のうちに謝っておく。

うっかりこんなことになってしまって、たいへん申しわけありません。心からお詫び申し上げます。

浅生　鴨

もくじ

うっかり失敬

浅生鴨

Ukkari Shikkei

by

Aso Kamo

2019

車中にて

一日あたりの本数もそれほど多くないその列車は、僕が乗ったときには満員とまではいかないものの、それなりに混んでいると言っていい状態だった。単線の二両編成。一両に一つだけあるドアは、雪の多い地方ではお馴染みの、ボタンを押して自分で開けるタイプのもので、ゆっくりと進んでいく列車の揺れに、僕は少しぼうっとしながら、向かい側の窓外を流れる春先の田園風景を眺めていた。

犬が乗りこんで来たのに僕が気づいたのは、列車が駅を出る直前のことだった。犬のあとに続いて乗って来た人は白い杖を持っていて、慣れた様子で主人を席に案内する盲導犬とその飼い主の後ろに、ちょっぴり不安な表情を浮かべた若い駅員がいた。駅員は制服が大きいのかそれともファションなのか、シャツもズボンもダブついている感じで、僕は何となくこの駅員は今年から働き始めたのだなという印象を受けた。

ふいにドアが閉まった。あっと声を出した駅員がドアに駆け寄り何度かボタンを押すがドアは開かず、結局、列車は駅員を乗せたまま発車した。

駅員はドアのそばに立ったまま、まるで何ごともないかのように窓から外の景色を眺めていたが、片手をダブついたズボンのポケットに入れたり出したり、足をゴソゴソと動かしたりしている。帽子の下から見えている耳は真っ赤になっていて、ああ失敗しちゃったという声が今にも聞こえてくるようだった。

列車は彼の気持ちとは無関係にゆっくりと進んで行く。僕は、彼はどうするのだろうかと少しドキドキしながら駅員の様子を見ていた。田舎の路線は一駅の区間が長い。まわりの乗客も駅員のことが気になっているらしく、車両にいる誰もが駅員のことを何気なく見ているようだった。ようやく列車が次の駅に到着した。駅員はドアを開けてから唐突に振り返り「〇〇駅まではあと三駅ですから」と、白杖の客にわざわざ大きな声で言って、そうして足早に列車を降りて行った。その無愛想な口調は、まるで周りにいる僕たちにも客の降りる駅を知らせておきたい、そんな思いが篭っているように僕には思えた。

犬と飼い主が列車を降り、いくつかの駅を過ぎたあと、一人の妊婦が列車に乗って来た。車内はあいかわらずそれなりに混んでいたので、席を空けようかと僕が考えるのと殆ど同時にドアのすぐ近く、妊婦の目の前に座っていた高校生が慌てた表情で急に席から立ち上がった。立ち上がる勢いが良すぎたせいか片方の耳からポロリとイヤホンが外れる。高校生はそのままカバンを引きずるようにして体をひねり、妊婦の脇をすっと通り抜けると、開いたままになっているドアから列車を降りて行った。

どうやら彼はこの駅で降りるのをうっかり忘れていたようで、タイミングの良い偶然に恵まれた妊婦は、空いた席にゆっくりと腰を下ろし、ホッとした表情を見せた。周りにも安堵の気持ちが広がっていく。

列車が出発してすぐに、僕はさっきの高校生が隣の車両に乗っていることに気づいていた。彼は妊婦の乗ってきた車両を降りたあと、そのままホームを移動して隣の車両に乗り込んでいたのだった。車両の間を仕切るドアの小さなガラス窓から、あまり表情のない高校生の顔がちらりと見えた。高校生は妊婦がちゃんと座れていることを確認するかのように、さり気なく窓からこちらを眺めたあと、たいして表情を変えることもなく車両の奥のほうへと離れて行った。

僕は視線を回して妊婦を見た。彼女はもちろん高校生には気づかず、トートバッグから取り出したマタニティ雑誌に静かに目を落としている。

列車が川に差し掛かると窓の向こうに桜並木の土手が見え、薄い緑色と桃色が交互に車窓を塗った。いよいよ本格的に春が来たのだなと僕は思った。

ふと彼女が目を上げて、そっと車内を見回した。

うっとりするような笑顔だった。

不便であってほしい

僕は現実社会の変化にあわせて憲法を更新していくことに反対しないし、みんなが合意するならそうすればいいと思っている。社会や技術が大きく変われば、国がやるべきこと、国にできることだって変わるに決まっているのだから、国に何をやらせるか、やらせないかはその時々できちんと議論して、更新していけばいい。

ただ、今のところはよくても、将来的に、もしもわけのわからない人たちが何らかの間違いで政権についてしまったらという可能性を考えると、緊急事態条項のようなものは怖いなあと思う。

強い力にしっかり歯止めをかけておくことは、とても大切なこと。ずっと今の状態が続くなんて前提で考えちゃいけない。アクセルとブレーキが同時に踏まれたときにはブレーキが優先される設計にしておかなきゃ。そりゃあ、ブレーキが強いとあれこれ不便かもしれないけれど、あらゆる可能性を考えると、そういうものはそれなりに不便にしておいたほうがいいんだよね。

僕は、どうせ憲法を更新するのなら、むしろ個人の権利をもっと明確にして、国が国民に対して果たすべき義務や国が守るべきルールなんかをガチガチに追加してもいいくらいに考えている。そうしないと、もしもおかしな人たちが現れて、僕たちの生活や安全や権利を破壊しようとしたときに、とても後悔することになる。

こういうことを書くと、そんなことはありえないとか、もうすでにそうなっているよとか、いろいろな意見が出てくるとは思うけれども、そういう個々の政治的な考え方の差はさておき、これは憲法をどう設計するのがベストなんだろうという、システム設計の考え方に近い話。人の暮らしや生命や権利に関わってくるのだから、フェイルセーフを組み込むのは当然のこと。憲法というものが担っている役割を丁寧に考えてみると、やっぱり僕はそういう結論になるんだよなあ。

毎日のお誘いメール

毎日のようにメールが届く。やれ何々サービスのポイントが切れそうですよだとか、近ごろこのサービスを使っていませんよねだとか、今こんなニュースが話題ですよだとか、こんな新しい機能が加わりましたよだとか、とにかく僕をどこかのサイトへ誘導するためのメールで、それはもうビジネスだから間違いなく正しいメールなのだけれども、やっぱり少々わずらわしい。

僕だって某アプリの開発に関わっていて、何とかしてそのアプリをダウンロードしてもらわなきゃ、継続して使ってもらわなきゃと、そのためにあれやこれやと手を考えているわけだから、まったく同じ穴の狢なのだけれども、自分が躊躇なくやっていることを他人がやっているとわずらわしく感じるのだから、僕は本当に自分勝手な人間だなあと思う。

たぶんもう訪れることもないだろうと思われるサイトからのメールは止めてしまいたい。止めてしまいたいのでそのサイトへアクセスする。

この時点ですでに矛盾が発生している気もするが、そうして訪れたサイトは、一度は何かしらの関心を持って僕が自分でアクセスしたサイトなのだし、それどころかメール登録までしているわけで、それなりに見るところもあり、ふと気がつけばすでに何分かをそこで費やしている。まんまと敵の手中に収まっているのだ。

いや、そうじゃなかった僕はメール登録を解除するのだと、サイトの中をあれこれ探すのだけれども、どうやっても解除方法がわからない。しつこくメールを送ってくるサイトに限って、解除方法はわからない。階層の奥の奥のさらに奥のほうに、それとはわからないように解除方法が載っていて、そうして、ようやくたどり着いたかと思ったら自動的には解除ができなくて、理由を書いてメールを送って来いなどと言われるのだ。なんとまあ面倒くさいことか。わずらわしさから逃れるには面倒くささが必要なのだ。

かくして僕はメール登録の解除を諦め、再び毎日のお誘いメールにまみれることになる。

心穏やかに休んでくれと願いつつ

以前は、好きな俳優や映画監督、あるいは作家やミュージシャンなどの訃報に接したとき、僕はツイッターだのフェイスブックだのに「ご冥福を祈ります」だとか「どうか安らかに」などと、あるいはどこか気取って「R．I．P．」なんて単語を書いていたのだけれど、いつからかそれはもう止めてしまった。

訃報をきっかけにあれこれ思い出して、あの作品が好きだったなあとか、ファンだったんだよなあなんてことはまだ書けるのだけれど、何というか、いわゆる故人を悼むお決まりの言葉を書くことができなくなってしまったのだ。もちろん亡くなった人を悼む気持ちはある。残念に思うし、もう新しい作品に出会えないのだなという意味での悲しみもある。

多くの人は、亡くなった人のことを想い、心から追悼の言葉を書いているのだろう。本当に悼んでいるのだろう。でも、そういう人たちの書く追悼の言葉の中に自分の書いた言葉が紛れ込んでいるのを見た僕は、ああ僕自身はたぶん違うなと感じたのだ。そこには嘘があるように思ったのだ。

心穏やかに休んでくれと願いつつも、わざわざネットに追悼の言葉を書く僕の心の奥底には、故人を悼む気持ちと同じくらいに、それにかこつけて自分自身を、自分の趣味やセンスをアピールしたいという、イヤらしい心根が混ざっているような気がしたのだ。

決して届くことのない祈りをわざわざ全世界に向けて発信するのは、結局のところ、僕の書く言葉を見ている人たちを意識しての行動じゃないのか。そんなふうに考え始めると、とてもじゃないが恥ずかしくてもう書けない。

ああもう面倒くさい話だ。好きな人が亡くなったのだから、ただ素直に悼む言葉を発すればいいだけなのに、いちいちそんなことを考えるのは、捻くれているというか、自意識過剰というか、いったい自分でもどうなのかとは思うのだが、もとよりそういう性分なのだからしかたがない。

この夏にも好きだった作家や音楽家が何人か亡くなった。中には若いころにとても強い影響を受けた人もいる。今は静かに彼らの作品を見返しながら、いつか機会があれば墓参りに行ければいいなと思う。どうやらそれが僕には合っているような気がする。

僕のツイッターアカウントは、一定の日数が経つと自動的に削除される設定にしているので、数日を経るともう読むことはできないし、自分でも何を書いたのかすっかり忘れてしまっている。ところが、そんな僕のツイートをたまたま保存してくれている人がいた。もちろん膨大な量を全て載せるわけにはいかないが、いくつかのツイートをこういう形で隅っこに並べておくことにした。

何度か書いているけど、僕の「夏休みの自由研究」のテーマは「おなら」でした。「あり」に逃げた年もありますが「おなら」のほうが圧倒的に面白かったのです。

そろそろ卒業や入学のシーズン。若い人には解り難いかもしれないけど、人生において一番大切なことは「自分の人生において何が一番大切かは自分が決める」ってことなんだと思う。他人が決めるものじゃないし比較するものでもない。もしも誰かが勝手に決めようとしたときは、思いきり戦えよ。

転勤先の希望欄に「会長」って書いて怒られたことがある。

考えごとをしていて思考が止まってしまったときには気分転換に風呂に入ることにしているんだけど、たぶん僕は人生の大半で思考が止まっているので、もうこの際、ずっと風呂で暮らしてもいいんじゃないかと思っている。

またしても友人の一人がレイバンになってしまった。いいやつだったのに……。

おじさんとおっさんは別物です。おじさんはそっと愛でるのがちょうどよくて、おっさんは撲滅してもかまわない。おじさんとは自然になるものではなく、自ら選び取るものなのだ。

ものすごく複雑な新宿の地下道をぐにゃぐにゃと歩き続けたあげくもうぜんぜん自分のいる場所がわからなくなったので諦めて地上に出たら、さっき地下に降りた場所に出た。すごい。

不祥事が起きたときに企業や組織がよく出す「誠に遺憾です」ってコメント、「とっても残念です」という意味だから、別に謝っているわけじゃないんだよね。

ほんの少し早いか遅いかの差はあるけれども、人ってだいたい同じタイミングで同じようなことを考えるよね。おお！　すごいことを考えたぞ！　って思っても、たぶんどこかで誰かが同じことを考えているから不思議。驚きと悔しさが混ざりつつ、不思議。

僕は幼いころに、仮面ライダーに橋から突き落とされる夢を見たことがあって、それ以来、正義の味方は信用しないことにしている。

「個々の事情に応じ多様な働き方を選択できる社会を実現する“働き方改革”」より「個々の事情に応じ、多様な休み方を選択できる社会を実現する“休み方改革”」のほうがいいんじゃないかなって思ってる。

僕は何をするにしてもトライ＆エラーを繰り返しながらだんだん目標を固めることが多いし、場合によっては、終わってから「ああ、これが目標だったんだな」って思うこともあるくらいテキトーなので「まず目標を決めて、それをできるだけ変えずに進める」ってタイプの人との仕事は、かなり刺激をうける。

黙ったまま自らの中に

これはたぶん『アグニオン』を書くのにあたってぼんやりと「純粋な悪意」について考えていたときに書いた文章だと思う。

それにしても、いったいなぜこんな文体で書いたのか。謎である。


我々の心中には常に絶対的な悪が潜み隠れている。本来、悪と対決できるのは善などではない。正義などではない。悪に打ち勝つことが出来るのは、自らに悪を内包することへの自覚と贖罪意識を持つ者のみである。

善は弱い。正義は弱い。高々と突き出される拳は、振り上げられたときと同じ早さで振り下ろされ、すぐにまた別の場所へ向かって行く。むろん、その向かい先は正義が向かいやすいところである。

正義は、正義を笑い飛ばし軽々と一蹴してみせるような巨悪が居る場所からは逃げ出し、正義の声に思わず身を竦めてしまうような弱者のもとへ向かうのである。弱い者には勝てそうだという見え透いた心根がその中には隠れているのだ。振りかざされる正義は、常に弱い者を挫こうとするのである。

そもそも正義は不正義を恐れる者にのみ通用するもので不正義に何ら躊躇いを感じぬ者にとっては、正義の声などまったく意味を持たないのである。

ものごとに善悪の判断を下すためには、善と悪の双方をよく知っていなければならない。正義を声高に叫ぶ者は、それがわからないから叫び続けているのであって、わかっている者は黙っている。黙ったまま自らの中にある悪をじっと見つめ、悪の本質を知ろうとしている。

悪に勝つためには、まず己の中の悪に勝たねばならぬと知っているからである。

まだ迷っている

あとひと月足らずで三月十一日がやってくる。何だか不思議な縁から生まれた友人関係が続いていて、これまで僕は毎回その日には東北の港町にいて、そこに住む人たちに紛れながら、そっと黙祷をしてきた。けれども僕はいま、今年もあの港町へ行くかどうかですごく迷っている。

今年の一月十七日、神戸の慰霊祭はちょうど二十年ということもあって、ものすごくたくさんの人が東遊園地に集まっていた。空にはヘリが飛び、新聞やテレビのカメラマンたちが献火を取り囲むように列を組んでいて、遺族がロウソクに火を灯すことも難しいくらいの混み方だった。「火をつけさせてくれ」と大声をあげる人もいた。

僕自身も二回、マイクを向けられた。

「今日はどうしてここに？」

「そりゃ黙祷しにですよ」

「ご家族がお亡くなりに？」

「いいえ」

「あ、じゃあ結構です」

午前五時四十六分。黙祷の瞬間から一分間、水を叩くようなバシャバシャという激しい音とともに、フラッシュが焚かれ続けて、僕は目を閉じていたのに、目の前には白い光がずっと瞬いていた。静かに過去を想うための一分間、そこには音と光が濁流となって流れた。

三月十一日というのは、東北に住む彼らにとっては命日で、つまりそれは家族を想いながら静かに過ごしたいはずの、とても大切な日で、その日に僕のような旅人がやって来ることは、やっぱりどこかで気を使わせてしまうんじゃないだろうか、これまでも気を使わせてきたのではないだろうかという気がしてならない。もちろん彼らは「来てくださいよ、平気ですよ」と言うのだろうけれども、そして「来てくれてありがとう」と言うのだろうけれども、もしも僕たちが行かなければ、もっともっと静かに過ごせるんじゃないだろうか。

神戸の慰霊祭で黙祷しながら、僕はそんなことを考えていた。

その港町でのちょっとした取り組みを、あまり出来ているとは言えないけれども、僕も自分にできる範囲で少しだけ手伝っている。取り組みのメンバーの多くは地元の人たちで、みんな僕の大切な友人だ。だから、これまでは何か当たり前のように、特に考えずにその日に港町へ行ってきたのだけれども、それは、本当は僕の「自己満足」や「支援欲」を満たそうとするだけの行為だったんじゃないのか。自分自身がいいことをしたつもりになりたかっただけじゃないのか。僕には胸を張って違うと言い切る自信がない。

そう。人は最後の最後で、やっぱり当事者にはなることはできない。

だから悩む。本当にあの港町で手を合わせたいという想いはあるのか。それは本当の気持ちなのか。僕自身の心の底に「自分がいいことをしている気になりたい」という、いやらしい感情は溜まっていないか。

偽善や自己満足も、最終的にそれが本当に相手のためになるのであれば、僕はそれはそれで構わないと思っている。でも、相手に余計な気を使わせているのであれば、それは役に立たない偽善で、むしろ害悪でしかない。

三月十一日を静かに過ごしてもらうために、結局のところ当事者になることのできない僕は、あえて今年は行かず、遠く離れた空の下から手を合わせるべきなのか。それとも、細かな雑用は全部こっちでやるから十一日は自分たちのことだけやりなよ、そう言って、今年もまた港町へ行くべきなのか。

まだ迷っている。

三月下旬、ようやく港町にも電車が走り始め、復興を、復幸を祝うお祭りが開催される。僕が本当に行くべきなのは、故人を偲ぶ日ではなく、友人たちが新たな一歩を踏み出していく、その日なのではないだろうか。その日だけでいいのではないだろうか。

まだ迷っている。

地口駄洒落言葉遊び

いまに見て**やがれ**、
ロックンローラーはもっと**尖れ**。
村長の**倅**、後ろに**下がれ**。
水難から**逃れ**、プールから**上がれ**。

いま僕の中で、
ロキソ人が敵と戦っている。

雹が降ってきた！　**ひょー！**

もうしわけ**ありまおんせん**。

飯テロ秘密結社。**イルミナ茶**《ティ》、
フリーそうめん、**ロスチャイル丼**。
壁に耳あり**クロード・チアリ**。いい
ですいいです、**イーデス・ハンソン**。

くどいほど**く**だもの
ぐだ**く**さんでつゆだ**く**だ**く**を
と**く**だいで**く**ださい。

ヤマザキ、春の**パン詰まり**。

（回文）**猫の子ね**
（回文）**高い犬、言い方**

錠前は**ロック**だぜ、イエーイ。

ねんど**松。**

チワワ喧嘩。

君に幸せ**荒れ。**

石北会計の若い人たち。

クエン**さん**、アスコルビン**さん、**
サイン**子**、サイン**たん**、ジェン**と。**

マタタビによる福音書。

ニッチ売りの少女。

太陽と**ムスコシーン。**

通帳がときめく**振り込み**の魔法。

ロキソ人、**ジキ人**、**イソ人**、**キャベ人。**

かくさん希望！　by **助さん**

おかわり戦隊**スイハンジャー**
～全員**黄色**～

ソイラテ

カフェラテという飲み物がある。エスプレッソに温かい牛乳を加えたもので、いや、全体の八割近くが牛乳だから、むしろ牛乳にエスプレッソを加えたものと言ったほうがいいかも知れないのだが、ともかく、そういう飲み物がある。そして僕の飲むコーヒーは概ねカフェラテである。仕事場にわざわざミルクサーバーのついた高級なエスプレッソマシンを導入してまでカフェラテを飲んでいる。もう一日中ガブガブと飲んでいる。

そのカフェラテから派生したものの一つに、ソイラテがある。これは牛乳の代わりに豆乳を使ったもので、乳脂肪やコレステロールが気になる人などがよく飲む定番の人気メニューだ。僕もときどき仕事場のミルクサーバーに豆乳を入れてソイラテにすることがあるし、スターバックスなどで頼むこともある。嫌いじゃない。もともと豆乳は好きなので、独特の香りもあまり気にならない。問題はソイラテというその名前だ。僕が気になるのはそこだ。

そもそも、カフェラテのラテはイタリア語で牛乳という意味である。つまりカフェラテとはコーヒー牛乳という意味なのだ。

一方、ソイラテのソイは英語の大豆、ソイビーンズの略語だ。ほら、醤油を英語ではソイソースって言うでしょ。まあ、キッコーマンって言ったほうが通じるんだけどさ。

ともかくだ。ソイは大豆、ラテは牛乳。となると、ソイラテとは大豆牛乳という意味にならないか。コーヒーはいったいどこへ行ってしまったんだ。いや、そもそも牛乳は一滴も入っていないのだからラテとつく時点でおかしいじゃないか。

カフェソイもしくはソイカフェと呼ばなければ、この飲み物を正確には表していないことになるのだが、もはや誰もその点には触れずスターバックスのカウンターに向かってソイラテと注文をし続けているので、僕も余計な波風を立てぬよう、黙って従うことにしている。

試合に出るということ

これはスポーツに限らないことだけれど、ちゃんとしたチームでプレイしたことがある人は、人間は必ずミスをするものだということを理解している。ミスをしないように心がけるのは大切だし、ミスをしないでいられるならそのほうがいい。でも誰だってミスはするのだ。必ずミスは起きるものなのだ。

ラグビーのトップリーグやスーパーラグビーの試合を観戦していると、選手たちは、次にどんな攻撃があり得るかという可能性だけでなく、どんなミスが起き得るかという可能性までをもきっちり想定して動いているのがよくわかる。いちいち頭で考えるのではなく、ミスが起きたときに周りはどう動くか、その中で自分はどうフォローしてリカバーへとつなげるかといったいくつもの動きのパターンが、体の中に染み込んでいるような印象を受ける。

選手だけではない。マネージャーたちもそれを理解した上で戦略と戦術を立て、日々の練習を行い、チームをまとめているのだと思う。ただミスした者を責めるのではなくミスが起きたときにカバーする選手の動きをつくりだすこと。その想像力を身につけること。それがチームの強さになっている。

試合でミスをしない一番の方法は、試合に出ないことだ。ボールを持たないことだ。点を獲ることはできないが、獲られることもない。試合をしなければ、少なくとも、絶対にミスの起こらない安定した状態を保ち続けることはできる。楽しくはないだろうけれども。

どうも僕は、最近いろいろな企業からコンプライアンスという名目で出されるお達しや、新しい取り決めの殆どは、試合に出ないように、ボールを持たないようにするためのものばかりだというような気がしてならない。確かにミスはなくなるだろう。試合に出なければ負けることはないだろう。でも、それで強いチームになれるのだろうか。

ミスは必ず起きるのだと知っている者たちが周囲を固め、いつでも我々がリカバーするから君は思い切って攻めてこいと、ボールを持った者にゲームメイクを任せようとするチームこそが、最後に生き残ることのできるチームなのではないだろうか。

試合をさせないのではなくプレイヤーにボールを持たせた上で、しっかりと動きを予測し、起こりうるミスを防ぎ、起こったミスをリカバーする。それがコンプライアンスというものの本当の役割だろうと僕は思っている。

人を「コスト」って言ってしまう考え方が、いろんなことを息苦しくしてるんじゃないか。

勤労感謝の日なので、感謝しながら勤労しております。

人の足を引っ張るよりも、自分の階段を上るほうがよほど楽しい。

何かにものすごく反対して怒っている人がいるんだけども「打倒○○！」って書くところを「妥当○○！」って書いちゃってるもんだから、反対しているのか賛成しているのかよくわからないことになってる。頭に血が上っているときも、誤字脱字はちゃんとチェックしたほうがいいね。

鬼平ハンカチ用。（素早く声に出して読むべし）

やたらとワイヤレスマウスの接続が切れて、すごく仕事しづらい。つなぎ直しても一分と経たずに切れるからキーッってなるし「五分に一度のエロアクション」っていう昔の映画のコピーが頭に浮かんで離れなくなる。

効率や生産性も大事だろうけれども、役に立たないことには「役に立たない」っていう重要な役割がある。「とかくこの世はダメとムダ」って言ったのは夏彦翁だっけ？　ムダなことや役に立たないことが、その辺にごろごろしている社会のほうが、たぶん暮らしやすいし、僕みたいなダメ人間もホッとできる。

よく「時間は自分でつくるもの」と言われるし、これまで僕もそう思っていたのだけど、たぶん「時間は奪われないように必死で守るもの」なのだと思う昨今である。

言語化すれば、言葉の前にあったその何かは固定され、もう動くことのない何かになる。だから僕はギリギリまで言語化せず、言葉の前にある何かのまま、できるだけ粘りたいと思う。

RPGの主人公って、宿屋で一晩寝ただけでHPが完全に復活するから、たぶん十代。

角を曲がる目印にしていた緑色のポルシェがいなくなってる。誰だ動かしたのは！

一階

先日、僕は久しぶりに大阪の街をぶらぶらしていた。歩きまわったのは再開発されてすっきり無味乾燥になった大阪駅や梅田のあたりではなく、そこから少し離れた古い街で、あいかわらずゴチャゴチャとしてまとまりがなく、まるで何の関連もない店が隣り合って並んでいるし、あからさまに有名ブランドをまねたインチキな看板が街いもなくぶら下がっていて、この「だいじなのは自分や。他人からどう言われるかは二の次なんや」とでも言いたげなエネルギーの気配がなんだか懐かしく、そしておもしろかった。

早朝のまだあまり人のいない街の中を歩きながら、今もまだ大阪にはたくさんの一階があるんだなあと僕は感じていた。地面と同じ高さの位置に様々な種類の店が並んでいて、それが街の雰囲気を彩り形作っている。東京は、もちろん下町ではそれなりに一階も残されているけれども、もうずいぶんといろんなところから一階が消えてしまったように思う。地面と同じ高さにあるのは似たような造りのものばかりで、それは僕にとっては一階ではなく、ただの枠組みでしかない。

　僕たちは鳥ではなく地面で暮らす生き物なのだから、目の高さに何があるのかはけっこう大切なことだと思っている。

　少し歩くだけで目まぐるしいほど変化に富んだ街の景色が目に飛び込んでくるのと、どこまでいってもガラスと金属でつくられた同じような高層ビルのエントランスしか視界に入ってこないのとでは、たぶん何かが大きく違っている。

　大阪の街を歩きながら、ふだんから暮らしの中で目にしているものが混沌なのか秩序なのかによって、日々のものの考え方はずいぶんと変わってくるんだろうなと思った。

気づかないまま、それは。

山の上で育ったので、子供のころから殆ど毎日のように街の夜景を見てきた。「このたくさんの灯りの数だけ幸せがあるのだ」と言ったのが映画だったか、それとも小説だったかは覚えていないけれども、一つだけはっきりしているのは、それを聞いた子供の僕は、なるほどと思ったことだ。

坂道をゆっくりと上りながら、小学生の僕は足を止めた。秋も深まって、日が暮れるのもずいぶんと早くなっている。遠くの山の上に建ち並ぶ建物たちにも、仄かな光が一つ、また一つと灯り始めていた。

この先のカーブを曲がって橋を渡り、長く急な坂道を上がれば、ようやく家が見えてくる。

僕は布の大きなカバンを肩からかけ直した。土にまみれて遊びまわっているせいで、もともと白かったカバンはすっかり汚れて灰色になっている。

山道を独りでとぼとぼ歩いていたのは、いつも一緒に登下校している友人と喧嘩をしたからで、僕は早く家に帰って、何もかも忘れてしまいたいと思っていた。

毎日通っている道なのに、独りで歩くといつもよりずいぶん遠いように感じられて、どうにも心細くなる。

僕は坂を見上げた。長く続く坂の上には何軒かの家が建っている。一番奥にあるのが僕の家だ。

何気なく目をやって、僕は自分の背中に電気が流れたように感じた。うちの窓にだけ灯りがついていない。母はいないのか。こんな時間になって、もう日も落ちて暗くなり始めているというのに、母がいないなんて。何かがあったのだろうか。家の中で倒れていたらどうしよう。それとも、みんな本当は宇宙人で、僕だけを残して故郷の星に帰ってしまったのだろうか。

足が動かない。心臓の鼓動が急に早くなって、口元に力が入る。涙をこらえているのに、手前にある家の窓灯りが滲み始める。どうしよう。どうしよう。その場に立ったまま、僕は母がいるはずの家の窓をしばらく見つめていた。

急に、ふっと淡く黄色い光が窓に灯った。人の影が動く。ああ。ああ、よかった。母がいた。全身を温かな気配が覆っていく。

何のことはない。ほんの少し、母が灯りをつけるのが遅かっただけのことだった。今考えれば、それほど遅かったわけでもないのだろう。それでも、灯りがつくまでのわずかな時間、僕はこの世界から取り残されてしまったような気がしていた。

急に気が抜けてしまい、泣きながら家に帰った僕を、母は不思議そうな顔をして迎えてくれた。

あの日、窓に灯った光は、喧嘩したことを後悔しながら家に帰る小学生の僕を、誰よりもホッとさせてくれたのだった。

もちろん、今では一つ一つの灯りとともにあるものが、幸せばかりではないことを僕だって知っている。それでもやはり、窓に浮かぶ灯りを見ると、僕はどこか心が緩む思いがするのだ。

ちょうど二十年前、山から見えるあの街の灯りは一斉に消えて、それからしばらくの間、なかなか灯ることがなかった。あの日から、失われた窓の灯りが一つずつ戻るたびに、僕たちは一歩ずつ、安心を取り戻してきたような気がする。
もしかすると僕たちがつける灯りは、ほんの少し離れたところにいる誰かを、そっと安心させているのかも知れない。願わくば、今夜も。

（初出　宣伝会議『月刊ブレーン』「今夜も窓に灯りがついている。」二〇一五年三月）

子供のころ、遊びに出かけようとして玄関で母に「どこ行くの？」「外」。すごく怒られた。あと女の子との会話で「いま何を食べてるの？」「ごはん」とか「どこから来たの？」「入り口」ってのもずいぶん怒られたなあ。

「あいつは現場を知らない」「彼らは実務をわかってない」なんていうときの「現場」や「実務」なんてのも、せいぜい「自分の知っている現場」「自分がやったことのある実務」程度のことでしかなくて、実は、すごく狭い世界の話なのだけれども、なぜか僕たちはそれをついつい一般化して考えてしまう。

質問に答えているうちに暴走してどんどん違う話になっていく先生と、質問した瞬間から、もうその質問に対する興味を失っていて、先生の話に適当な相槌を打つだけになる子どもとの殺伐としたバトルが『夏休み子ども科学電話相談』の醍醐味。

ホタルイカは、ホタルイカモドキ科。ニセホタルイカもホタルイカモドキ科。本物なんてどこにもいやしない。

好き嫌い

本来まったく知らぬものごとは好きにも嫌いにもなることができない筈で、およそ人が何かについての好き嫌いを口に出せるのは、そのものをある程度知った後である。

全てが好きというのは妄信であり、全てが嫌いというのは拒絶である。はたしてものごとは多くその間にあって、せいぜい人はその中から適当な段階を選び取り、それを己の好みとするよりほかない。

あるものごとの全てを好きだ嫌いだというのは、概念についての好き嫌いを語っているに過ぎず、実際にそれをよく知る者は、まず個別具体について、あれが好きだこれが嫌いだと言う。そもそも好き嫌いは個別具体にしかないもので、ものごとの総体に好き嫌いを感じたならば、己は本当にそのものごとをよく知っているかを自身に問い直したほうが良い。

　ときおり国などという大きな単位で好き嫌いを口にする者もいるが、それはただ国という無形の概念に向いて好き嫌いを述べているに過ぎず、やはり個別具体は見ていない。それは何も言っていないのに等しいが、そう言う者の多くは愚かなので気づかない。

こういう言い方をすると誤解されそうだけど、この先、歳を経るごとに僕は少しずつ止まっていくんだなと思う。出現して、動いて、止まって、消滅する。早いか遅いかの違いはあるけれど、そこだけはみんな等しく同じ。いろいろあるけれど、最期はみんな同じ。

メニューにカタカナで「ミルクコヒー」って書いてあるので「ミルクコヒー」って頼んだら「ミルクコーヒーね」って普通に言われて敗北感半端ない。いつか「カフェーオレ」も頼んでやる。

二十歳くらいのころ「私は降霊できます」という人に「誰か会いたい人はいませんか？」と聞かれて「シャーロック・ホームズ」と答えたら、ちゃんとホームズの霊を降霊してくれたのにも驚いたし、「こんばんは」って日本語で話しかけられたのにも驚いた。

ミルクティーは、紅茶より先にミルクをカップへ注ぐ。卵かけご飯は、卵よりも先に醤油をご飯に垂らす。シウマイ弁当を食べるときのポジションは、右側ご飯でも左側ご飯でもなく、奥にご飯。手前にシウマイ。マイルール。

よくわからないから

「なんだかその企画はよくわからない。さっぱり理解できない。でも、だから採用する」マネジメント側がそう言えないと、まったく新しいものって生まれないんじゃないかな。

自分に理解できないものを採用するのって不安だし、なかなかできることじゃないけど、でもそれが腹を括るってことなんだと思う。自分たちに理解できるものだけを採用していたら、これまでと同じベクトル上にあるものしかつくれない。

それって単なる縮小再生産にしかならないから、あえて自分には理解できない企画とか、これは良くないと思った企画を採用する。そのほうがずっと面白いものになる可能性を持っている。

企画の内容よりも、企画を出した人の熱量を図る。本人がどれだけ本気でその企画を出しているかを見る。その上で失敗したときにどこまでダメージを受けるかの下限を決めることだけ考えていればいいんじゃないかな。
いやまあ、僕も出来ていないけれどね。なんとかそうしたいとは思っているんだけど。

いてもいなくても特に何も変わらないってのが理想。むしろ、しょっちゅういなくなりたい。

ニッポン（チャチャチャ）もそうだけど、手拍子だとかウェーブだとか、誰かが先導してつくっている応援を強制されるのはあまり好きじゃない。僕は試合を見ながら自分の感じるままにその時々で好きなように声を出して応援したいだけなんだよ。敵の好プレーも含めてね。

ものを言えば角が立つ。なんとか角を立てぬよう発せられた言葉はどこへも届かないのに、本来届くはずの言葉の角をヤスリで削り、どこにも届かぬ言葉をつくり出すくらいなら、初めから何も言わぬが良いではないか。周囲の顔色を伺いながらつくられたものに、人の心は動かされたりはしない。

怒った演出家が灰皿を投げたので拾ってテーブルに置いたら「こういうタイミングで拾うな、このバカが！」って怒鳴ってまた灰皿投げちゃって、そのあとすぐにタバコに火をつけて「おい灰皿はどこだ！」ってさらに怒鳴られたからこの人すごいなって思ってた。

大人の役割

一九七〇年の大阪万博を牽引したのは三十代から四十代の人々で、彼らはそれ以降、七〇年代から八〇年代の日本文化の発展に大いに寄与することになる。このとき、小松左京も横尾忠則もまだ三十代だったのだから、驚く。

二〇一一年の大津波で甚大な被害を受けた宮城県女川町では、町の復興にあたって「五十代は手を出すな、六十代は口も出すな」という方針を掲げ、同じく三十代、四十代が中心となって、未来に続く町づくりを行い、今、女川駅の前には見事なプロムナードが出来上がっている。

フジテレビは八〇年代にドラマでもバラエティでもヒット番組を連発して一世を風靡したが、このときのプロデューサー、ディレクター陣は、やはり三十代がメインとなっている。のちにフジテレビの社長になる亀山さんが『踊る大捜査線』をプロデュースしたのも、たしか四十になったばかりのころだったはず。

つまりそういうことじゃないのかと、僕は思う。今の日本に何とも言えない閉塞感が漂うのは、あるいはオールドメディアからおもしろいコンテンツが出にくくなっているのは、単純に歳をとった人たちが、未だに現役気分で口も手も出しているからだと考えるのがわかり良い。

落語に出てくるご隠居はずいぶん老人のように思うが、当時は五十を過ぎれば引退して家業を譲るのが一般的だったのだ。とはいえ、歳を重ねたベテランの味だってあるし、昔とは違ってみんな若々しい気持ちで暮らしているから、五十歳になったからといってどこかへ引っ込んで黙っているのは落ち着かないと思う。若者たちが向う見ずの勢いだけでものごとを進めようとしているのを目にすれば、何か言いたくなる気持ちもわかる。でも、もう彼らのものなのだ。本当はとっくに彼らに渡すべきだったのだ。

エンタメに限らず、経済や政治の世界だって同じことだろう。未来をつくり出し、その中に生きるのは僕たちではなく、彼らなのだ。であれば大いに任せてはどうだろうか。この際、二十代、三十代に好きなようにやらせればいいじゃないか。

せいぜい五十代が自分の経験を口を出す程度に留めて、ああしろこうしろとは言わないでおく。別に失敗したって構わないじゃないか。その責任を取るべきときに、おそらく僕たちはいないのだ。五十代以上がぐっと我慢して口をつぐむことができるかどうかが、案外これからの日本には大切なことのように僕は思っている。

もちろん今時の五十代は若い。やりたいこともあるだろうし、実際にやれることもどんどん増えている。でも、本流本筋はもう若い人たちに任せて、あくまでも傍流として粛々とおまけのような日々を楽しめばいいんじゃないだろうか。少なくとも、大人がいつまでも居座って若者に場所を空けないようなやり方が、いい未来に繋がるとは思えない。

若い人に任せるのには勇気がいる。たぶんものすごく勇気がいる。けれども、その勇気を出すことが、この時代の大人の役割じゃないのかと、最近よく考えている。

メロスってお婆さんからの伝聞だけで怒り狂って国王を殺そうと短剣を持って城に入って捕まって処刑されることになったら「私は命乞いなどしない。でも三日だけ待ってくれ」って言って、わりと普通の速度で走ったあとラストシーンは全裸で登場するってもうキャラクター完全に破綻してる。

フラットな自分のままでいるのって本当に難しい。でも、その場その場で少しずつ自分をよく見せかけようとしていると、やがて取り返しがつかなくなる。素の自分がどれだけバカでダメでも、それをそのまま見せるしかない。

「本当のこと」は、いつもたった1人から始まるのだと思う。そういえばパラリンピックもグットマン医師の強い想いから始まった。翻って考える。僕は「本当のこと」を始めているだろうかと。

ニュースでは毎日のようにいろいろな厄介ごとが流れている。人間ってそういうものだと知るには悪くない。でもそこにはHowばかりが溢れていて、Whyはあまり見えてこないから、結局は人間のことがよくわからないままだ。

僕にできるのは、ちょっぴりおもしろい話やばかばかしいデタラメ話を書くことだけ。そうやって昨日を今日に持って来て、明日へつなぐことしかできない。だからなるべくそうしているし、これからもそうする。ちなみに、明日を今日に持ってくると〆切りが近づくからそれだけは避けたい。

餅は「もち」だが、煎餅など「べイ」と読む場合もある。総じて、モチベーションを漢字で書くと餅餅ションになるのだ。

以前、初対面の人に、僕のやった仕事を「ここだけの話、実はあの仕事、私がやりましてね」って、こっそり教えてもらったときにはさすがに少しびっくりした。

きょうは死んだ鶏の肉か死んだ魚の肉を食べたいなと思っている。

僕は頭の中に、いつもいいかげんなことばかりを言って、ただテキトーにブラブラしているだけの、特に何もしない小さなダメおじさんを飼っているのだけれども、どうやらそっちのほうが僕の本体だったと最近わかってきた。

ひっそりと困っている

「障害者を利用した感動ポルノ」を批判することには概ね賛同するのだけれども、まだそこまで日本の社会は成熟していないことを、僕たち当事者はよくよく知っている。途中の段階をすっ飛ばして一足飛びに先へ行くと、ついてこられない人たちの反発を招く。

賛同する側にしても、一歩間違えると、気に入らない「マスゴミ」を批判するために障害者が利用されることにつながる。「障害者を利用した感動ポルノ」を批判することで、何か免罪符を与えられた気になる人たちも現れる。ＮＨＫの『バリバラ』班は、長くこの問題に取り組んできたから、自分たちの感覚が世間の感覚とは少し離れていることに気づきにくくなっているのかも知れないと思った。

強いメッセージは強さだけでなく、届けるための柔らかさも持たなければ届かない。まずは強いメッセージをただ発信したかったのか。それとも発信したメッセージをきちんと届けたかったのか。その違いは大きいし、その点までちゃんと考えていたのだろうかという疑問が残る。

今回、バリバラのメッセージを受けて、24時間テレビを批判した人たちの中には、昨日まで高畑淳子さんの会見を食い入るように見ていた者もいるだろう。ベッキーの復帰に反対した者もいるだろう。カップヌードルのCMを中止に追い込んだ者もいるだろう。

現実は何も変わっていないのに、何かやったような気になってしまいがちという意味ではどちらも同じだ。僕たちはまだその段階にいる。新しい視点を提示して、考えるきっかけを作ることはとても大切なことだ。

でも、焦ってはいけない。一歩ずつしか物事は変わらない。そして、パラリンピックに出場できるような人、24時間テレビで取り上げられるような人、バリバラで自分を笑いに変えられる人、ＢｕｚｚＦｅｅｄできちんと自分の意見を述べられるような人、それだけが障害者では無いことを決して忘れずにいて欲しい。

殆どの人は、目立たないところでひっそりと困っているのだ。

僕は学ばない

「松本サリン事件」で重要参考人にされた第一通報者の元には、凄まじい量の嫌がらせの手紙と電話がしばらく続いたと聞く。

もしもあのとき、今のようにＳＮＳが一般に普及していたら、第一通報者が重要参考人にされたときにいったいどんな反応が起こっていただろうかと考えると、心がきんと冷える思いがする。

きっと「その材料でサリンはつくれない」という冷静な意見よりも「一刻も早く逮捕しろ。処分しろ」という声のほうが、遥かに大きくなったんじゃないだろうか。あらゆる冷静な反対意見を押し流しながら、過激なバッシングによる社会的な制裁を加え、冤罪を加速させる原動力になったんじゃないだろうか。きっと僕も断片的な話を勝手に積み上げて妄想の絵を描き、あれこれ憶測でものを言っていたんじゃないだろうか。

そう考えると、まだＳＮＳがなくて本当によかったなと思う。もしも今、似たような出来事があれば、僕はやっぱり失敗するだろう。目先の感情に振り回されて冷静さを失い、根拠なく断定をするだろう。僕はいつまで経っても学ばない。二十年という時が経っても、まだ僕は学んでいない。

それにしてもあのとき、見知らぬ他人のために義憤にかられて嫌がらせの手紙を出したり電話を架けたりした人たちの中に、あとからちゃんとご本人に謝った人は、いったいどれくらいいるのだろうか。今でも恥じている人はどれくらいいるのだろうか。

ブラッド・ピットは気づいた

左右社の編集者、守屋さんが『どこでもない場所』のこぼれ話を書いてくださったので、その補足というか、返信のようなものを書いてみた。

最初にお話をいただいたのは六月だったらしい。たしか十月くらいだったかな、なんて思っていたのに、まさかもう一年以上も前だったとは、子供のころに比べると、本当に月日の流れるのが速くなったなあと驚かされる。

十歳の少年にとっての一年は人生の十分の一にあたるけれども、今の僕にとってみれば僅か四十数分の一しかないのだから、同じ一年を短く感じるのは当然なのに、それでもやっぱり驚くのは、今の年齢を体験するのが初めてだからなのだろう。たいていの人は自分の年齢に気持ちが追いついていない。少なくとも僕はそうだ。

大勢で食事をしながら僕は自転車屋の前にぼうっと座っているおじさんの話をしていた。

おじさんは自転車屋ではなく、いつもそこにジャージ姿で座っているだけで、それでもタイヤの空気が抜けた自転車を持っていくと空気を入れてくれたし、自転車屋の大将も特に何も言わずおじさんが空気を入れるのを黙って見ているのだった。

それこそ僕が十歳の少年だったころには街にそういう大人たちがたくさんいて、僕はそんな大人にどこか憧れていたし、今でもできればそうなりたいのだというような話をした。近所の子供たちから、あの人はいったい何をしているのだろうと怪しまれる大人が僕の理想像なのだという話をした。

食事を終えてぞろぞろと店を出た繁華街の交差点で、信号が変わるのを待ちながら、守屋さんからエッセイは書かないのかと聞かれ、僕はエッセイはあまり書かないしエッセイ以外だって書けないんです、とにかく僕は締め切りが守れないダメ人間で迷惑をかけるばかりだから本当は何も書いちゃいけないんですと強く言ったつもりだったのに、なぜかそのあと「何でもやります」なんて返事をしていたらしいから、これはもう相当なうっかり者である。

そもそも「働かない働き方」という記事には、僕はもう働きたくないのだ、一生懸命に働くなんて間違っていると思うのだということを一生懸命に書いたはずなのに、それを読んで発注するというのは、今考えると何か根本的に間違っているような気もするのだが、まだ僕はその間違いに気づいていなかったし、たぶん守屋さんは最初から気にしていなかった。

うっかり受注した以上、僕としては何らかの形にしなければならないわけで、けれども僕が日々考えていることや僕の日常なんかに、はたして読み物としての需要があるのか、左右社は赤字にならないだろうか大丈夫だろうかという心配が真っ先に浮かんでくる。中身を一文字も書いていない段階から僕はそういう余計な心配をしてしまう。そして、もちろん書いたあとには、もっと心配することになる。

ともかくそういう流れで僕は書き始めることになり、ちなみにこういうエッセイが好きなんですと守屋さんに渡された参考資料は、エッセイの名手と呼ばれる作家たちの、その中でもさらに傑作と言われている作品ばかりで、もうぜんぜんちなみになどではなく、こんなの書けっこないよ、どうか許してくださいと、僕を激しく畏れさせたのだった。

事前の打ち合わせでは道に迷った話をして、案外ウケていたからそれを書けばいいのに原稿用紙を前にして僕は頭を抱えた。万年筆にお馴染みのインクを補充して、さあ最初の一文字が書き出せない。

ふと気がついたら、ブラッド・ピットというサインの練習をしていた。しかもカタカナで。いったい僕は何をやっているのか。

名手たちの傑作に今さら狼狽してもしかたがないのに、変に対抗して、ちょっとした風刺やら上手い文章やら気の利いたことやらを書こうと欲を出すものだから、どう書けばいいのかがわからず迷いに迷っているのだ。

僕はコーヒーを淹れて飲み、窓の外をぼんやりと眺め、もう一度コーヒーを淹れて飲んだ。何か事件でもあったのか、ヘリコプターがバリバリと窓ガラスを震わせながら頭の上から現れてビルの影に消えていった。壁際にはスーツケースが横を向いて転がっている。そろそろ次の旅支度を始めなきゃ、なんてことを思った。

はたしてよくよく悩んだ揚げ句に、考えてみれば僕はしょっちゅう迷い混乱している者なのだから、せめてこの困惑をそのまま書けば何とかなるかもしれない、よし、そうしようと決めた。当たり前の話だが、僕は僕に書けることしか書けない。

さんざんサインの練習をしたあと、ようやくブラッド・ピットはそのことに気づいたのだった。

いつか三月に

初めてその街を訪ねたのはまだ寒さが残っている時期で、目の前に延々と積み重なる被災材の山の高さに僕はただ驚いていた。たしか、雪がちらついていたと思う。それから町を訪れるたびに、被災材の山は量を減らし、壊れた建物の土台と、海ではない場所に横たわっていた漁船が取り除かれると、そこにはただの原っぱが広がった。

何もない場所に信号機が立てられ、殆ど出歩く人のいない深夜の道に黄信号が点滅した。それでも街灯が点るようになると、その光は見通しの立たない真っ暗な街の中で、ここにも人が住んでいることを感じさせた。

海までのわずかな土地には、やがて土が盛られ、ゆっくりとかさ上げがなされた。原っぱに置かれたプレハブ小屋に、ちょっとした商品を並べる人が出てきて、高台には小さな喫茶店が作られた。港に大きな冷蔵庫が設置され、倒れていたビルは解体された。

あの直後に中学を卒業した生徒は、一度も鉄道で通学することなく高校を卒業した。その鉄道の駅は、ようやくこの三月に再建される。きっとその日のニュースでは、新しい駅舎の建物が画面いっぱいに映しだされるだろう。でも、三脚の上に据えられたカメラが周囲を映し出せば、そこにはまだ何もないことがわかるはずだ。

宮城県にあるその小さな港町は、スピード復興のモデルケースだと言われ、全国からメディアが集まってくる。

「どうしてこんなに早く復興できたのでしょう」と全国ニュースでキャスターが尋ねる。

バカな質問だと思った。

四年だ。四年という時間を経て、それでもまだ駅が一つ再建されただけじゃないかと僕は思う。

いったい東京で一つの駅が四年も失われることがあるだろうか。四年間、一つの街がずっと原っぱのまま放置されることがあるだろうか。東京ならば、とっくに大規模開発がなされ、巨大なビルが建ち並んでいるはずだ。

それでも、報道を見た人たちは、ああ、駅ができるんだね、復興が進んでいるんだね、スピード復興なんだね、と思うだろう。

もちろん街は前を向いている。その場に立ち止まっているわけじゃない。若い人たちが中心になって、誰もが懸命に汗をかいてきた。そのうち息切れしてしまうんじゃないかと心配になるほど彼らは全力で走ってみせた。そして、それはかなり上手くいっているように思う。

でも、彼らは待ったのだ。ずっと待ったのだ。「こんなに早く」なんかじゃない。それは、待って待って待ち続けてきた再生への第一歩なのだ。


そうして、まもなく四年が経つ。

三月十一日。当事者ではない多くの人たちにとって、東日本大震災は、その日にだけ存在する過去の災害になりつつある。その日だけ、僕たちは彼らに「被災者」を演じることを要求する。だからと言って毎日の現実がなくなったわけではない。僕たちが後ろめたい思いもせず、そっと忘れていく間も、現実はずっと続いている。

耐久期限をとっくに過ぎた仮設住宅に暮らしている人たち。心に大きな傷を抱えたまま先の見通しが立たずに悩み続けている人たち。そして、街をつくるために奔走している人たち。その誰にとっても、あの災害は忘れられる過去の一日などではなく、今もずっと続く現実そのものだ。

希望と絶望。その二つは正反対のように見えて、時に殆ど同じ場所に並んでいる。いよいよ新しい街づくりが始まるのだと笑顔で立ち上がる人たちもいれば、何もできず、その場にじっと座り続けている人もいる。それぞれの事情は大きく違っているし、その差はゆっくりと広がっている。そして、僕たちはそのことを知ろうとしない。

東北の復興。

言葉にするとあまりにも重く、僕たちの手には負えない気がしてしまう。僕たちは、被災した当事者でもないのに、何も失っていないのに、自分が何かを言ってもいいのだろうかと躊躇する。たいして深く知りもしないのに、わかった気になっていないだろうかと不安になる。普段はすっかり忘れているくせに、急に何かをやり始めてもいいのだろうかと悩む。

復興なんて、国や自治体や大きな企業や、専門的にやっているNPOなどでなければ無理だし、そのために彼らがいるのだろう。そう言って僕たちは、自分の暮らしの中から、少しずつあの日を遠ざけていく。

それはその通りなのだ。確かに僕たちにできることはあまりない。

けれども必要なのは大きなことばかりではない。もちろん、法律や行政や資金や人足といった、大きな力がなければできないことはとても大切で、それがなければ何も動かない。

でも、僕たちにだってできることはある。それは、そんなに大げさなことじゃない。難しい課題を解決しようなんて考える必要もない。「支援」や「寄り添う」といった、背中がムズムズするような言葉を口にする必要もない。

まずは行くこと。

それでいい。それだけでいいんじゃないかと僕は思っている。たとえ小さな行動でも、たとえ回数が少なくても、自分の体を実際に動かしてみると、わかることがたくさんある。

だから、もしも何かしてみたいと思うのなら、行ってみることだ。見る。聞く。話す。知る。買う。食べる。知らせる。それらはすべて行くことから始まるのだから。

どこに行けばいいのかわからない？

だったら、いい方法がある。友だちを作ることだ。もちろん最初は友だちなんていないだろうから、友だちがいる人と一緒に行けばいい。友だちの友だちは友だちなのだ。

僕は震災前の東北をあまり知らない。知っているのは破壊された港町の姿だけだ。でも、そこから僕の東北は始まっている。そして、年齢も性別も職業も関係なく、そこで暮らす人たちと友だちになった。僕と彼らが一生の友だちでいられるかどうかはわからない。いつか疎遠になるかも知れないし、もしかするとケンカ別れをするかも知れない。でも、それは当たり前のことで、僕たちは子供のころからの友だちと今もずっと交遊しているかといえば、そんなことはない。むしろ「一生友だちだよ」とか「ずっと忘れない」なんてことを言うほうがおかしい。

「元気？　最近なにしてる？」

「やあ、遊びに来たよ」

「ここは昔どうだったの？」

友だちの近況を知るのはごく自然なことだし、友だちを訪ねるのに理由などいらない。そして、訪ねるときには、今は迷惑じゃないかな、なんてことも少しは考える。それが普通の友だちづきあいだ。

忙しければ、なかなか会えないことだってあるだろう。でもそれを気にする必要もない。

「行かなきゃ」と、スケジュールをやりくりして、何とか時間をひねり出すのではなく「ちょっと時間が空いたら行こうかな」という気軽な感じでいればいい。行けるから行く。会いたいから会う。そこには何の義務感もない。自分自身ができることを、やりたいことをやるだけなのだから。

友だちに会って何をするというわけでもない。バカ話をして大笑いするだけだ。食事をして、お互いに仕事の悩みを愚痴って、ときどき街の話をする。ただそれだけ。でも、そんな緩い関係が長く続くことのほうが「支援」よりも「寄り添う」よりも、僕にとっては心地がいいし、何よりも楽しいのだ。

昔に比べれば、友だちの近況だってすぐにわかる時代だ。今は何をしているのかな。こんなことで困っているんだな。あんなことを楽しんでいるんだね。そういった日常の些事を共有すること。ときどき遊びに行くこと。互いに顔を見せ合うこと。そして、それを楽しむこと。それが僕たちにできることなのじゃないだろうか。

あの日を忘れたいという気持ちと、忘れてはいけないという想いと、忘れられたくないという願いは、複雑に絡み合って、僕たちそれぞれの心の中にそっと隠れている。絡み合うそのバランスは一人ずつみんな違っているし、年月とともに少しずつ変わっていくだろう。だからこそ、僕はこれからも友だちに会いに行こうと思う。

三月。東北にも少しずつ春の気配が訪れる。かつてその街の人たちは、この季節が大好きだったという。春の訪れを知らせる魚が水揚げされ、しだいに暖かくなってくる毎日を、うきうきしながら迎えたのだろう。

今、彼らにとって三月は大好きな季節だとは言いづらくなっているかも知れない。いつの日か、彼らが新しい三月を笑顔で迎えることができるようになるといいな。そして、そこで僕も一緒に笑っていたいな。そんなことを思っている。

(初出『ポリタス』特集「3.11から未来へ――困難と希望」二〇一五年三月)

被害に遭われている方には本当に申しわけないと思うけれど、台風が来るとやっぱり少し興奮する。

ちゃんとしていた先輩や知人の訃報を耳にするたびに「ああ、もっとちゃんとやろう」って思っていたんだけど、すぐに忘れてテキトーな感じになってしまうから、もう「もっとちゃんとやろう」と思わないことにした。自分のやりたいことをやれる範囲でやる。それでいいやって。

猫舌なので基本的にラーメンは食べないのだが、今日ひょんなことから食べた。まずネギを食べ、次にメンマを食べ、そのあとチャーシューを食べ、海苔を食べ、と上から順番に食べていたら、店員が「何でもいいから早く麺を食えよ！！」みたいな顔でこっちをじっと見るから困った。

「オレは秒速１秒の男」

もし僕が今から少年隊に入ることになったら、やっぱりホットパンツを履くところから始めなきゃダメなんだろうなって思うから誘われても断る。

昨日ようやく暖かくなってきたなあと思っていたのに、今日はまたクールジャパンなのか。

こつこつと取材先を探しては依頼文を送り、断られ、また探す。その繰り返し。丁寧に取材をしないとすべてが嘘になる。細かなところで嘘をつくと、本当につきたい嘘をつけない。嘘でなければ届かないことがある。

先輩がフランス人に「フランスベッドってフランス人としてはどう思う？」って聞いて「うーん別に」って返事をもらったあと「じゃあフランス書院はどうなんだ？」って聞いたら「出張のときに飛行機の中でときどき読みます」という返事をされた話がすごく好き。

子どものころの学級名簿や電電公社が配っていた電話帳には、名前も電話番号も住所もぜんぶ載っていた。雑誌には作家の連絡先が載っていた。いつから載せなくなったんだろう。どうして僕たちは載せるのが怖いと思うようになったんだろう。その一方で、ピザ屋とか宅配寿司のアルバイトには、住所も電話番号も、場合によっては携帯電話の番号まで教えるのに。

自分ではない何者かに

ちゃんと演じられないのなら
舞台に立たないほうがいい

誰かが演じた役を
真似することしかできないのなら
演じることは辞めたほうがいい

自分を残したまま
自分ではない何者かになる

それは努力と忍耐と才能
それは繰り返し考え続ける想像力

一つ一つの台詞には
心と体を誘う長い長い導線と
人と人との間に流れる感情が
ちゃんと存在する理由として
いっぱいに詰まっている

それを読み解ける者だけが
自分ではない何者かになれるのだ

メルカトル図法はメルかトルか、どっちなのかをはっきりさせて欲しい。

生産性を追求する社会の中で、生きづらい思いをしている人が、そう感じることが、まるで悪いことであるかのように、まるで罪であるかのように思い込まされている気がする。辛いこと、苦しいことは、罪でもなんでもない。助けを求めて当然。そんな当たり前のことが、効率という言葉にごまかされている。

以前、パラ・スポーツの選手たちとご飯を食べているときに「超人って言われるのすごくイヤだ。わりと努力しているのに、最初から特別な人のように扱われている感じがして。僕ら超人じゃなくて人間なのに」って言われてから、コピーを書くときに「普通である」ってことをすごく意識するようになった。

いつもと同じことを、今日もまた思う。僕は僕にできることを、僕がやりたいと思うことを淡々と、楽しみながらやるだけだ。早逝した友だちが、羨ましがるほど楽しんで生きてやろうと思う。

「わしもそう思うのじゃ」みたいな言葉遣いをする人って若いころはどんな話し方をしていたんだろう。もし若いころは「僕もそう思うんだ」みたいに話していたとしたら、いつから変えたんだろう。どうして変えたんじゃろう。まったく不思議じゃのう。

五時……、あなた五時っていうのね。

昨日のスーパーラグビーを思い出しているのだけど、「にわか」の観客は「おお！　すごぃ」とか「がんばれ！」って応援が多くて、古参というかベテラン観客は「ダメだそんなんじゃ」とか「もっと○○しろ！」とか「何やってんだ！」って声が多かったように思う。にわかのほうが気持ちいい。

もう打ち合わせに行かなきゃならないのに行きたくなくてグズグズしている。お腹が痛いとか、喉が渇いたとか、外は暑いとか、気に入った靴下が見つからないとか、あれこれと理屈をつけてずっとグズグズしている。小学生のときからまったく変わっていない。どうせ行かなきゃならないとわかっているのに。

一九六四

市川崑監督の「東京オリンピック」を久しぶりに見た。

「オリンピックは人類の持っている夢のあらわれである」

「人類は四年ごとに夢を見る。この創られた平和を夢で終わらせていいのであろうか」

この二つのタイトルテロップにはさまれた、挑戦的なメッセージに満ちたドキュメンタリー映画。

「さようなら、さようなら、お元気で。私もあなたもいつかまたお会いしましょう。それまでお元気で」というアナウンサーの声とともに流れる閉会式の映像に僕の胸は熱くなる。

あのころの日本のほうが、今よりもよっぽど他の国と互いに尊敬しあっていたんじゃないかと思ったりしつつ。円谷選手のその後のことなんかも考えたりしつつ。なぜか猪瀬元都知事へのバッシングなんかも思い出しつつ。

まもなく二〇二〇年になる。この映画から五十年。僕たちは「創られた平和を夢で終わらせ」ようとしていないだろうか。今から五十年前に、未来への希望として発信されたメッセージをちゃんと受け継げているだろうか。そして、受け取ったバトンを次の世代へしっかり手渡すだけの勇気を持っているだろうか。

世界のごく一部でしかない

前にも一度書いたような気がするけれど、ここ数年、僕はいわゆるニュースサイトをできるだけ見ないようにしている。

スマホの中にニュースアプリは入っていないし、何年も前に新聞社に登録したアドレスに届く、ニュースの見出しをまとめたメールは自動的にゴミ箱へ入るようになっている。もちろん通知も切っている。

朝は家の人がテレビでＢＢＣワールドを見るので、リビングにいれば僕の耳にも国際ニュースだけはなんとなく入ってくるものの、地上波のニュースは見ないし、ニュースのふりをしたバラエティ番組は、たぶんもう十年以上見ていないと思う。

以前はニュース番組のディレクターやデスクをやっていたこともあるというのに、今の僕には積極的にニュースを知ろうとする気がまるでないのだ。だから、いま何が多くの人の関心ごとになっているのかも詳しく知らないし、話題の言葉にもあまりついていけない。たまに人と話せば呆れ驚かれるほど世事に疎くなっている。

それでもぼんやりSNSなんかを眺めていれば、何かしらニュースらしきものは目に飛び込んでくるし、ラジオで流れるものもあるから、それだけで充分なのだ。

人の知識というのは、膨大な知識の海に浮かんでいる島のようなもので、島が大きくなればなるほど海岸線は長くなり、まだ知らない世界との接点が増えていく。ものごとを学べば学ぶほど知らないことは増えていく。でも、日々僕たちの目の前を通過しているニュースという名の情報は、それを知ることで、さらに未知なるものへの接点が広がっていくものだとは、どうも僕には思えない。

次々に流れる情報の断片は、殆どは別に知らなくてもいいことばかりなのに、なぜかいちいち時間を奪われ、感情を無駄に刺激され、深く考えることもなくただ処理に追われているうちに、その圧倒的な量に僕は疲弊し、やがて感覚が麻痺していく。ニュースを仕事にしている人には申しわけないと思いつつも、いつからか僕はもうニュースを見聞きすることで自分の感覚を奪われたくないと思い、ニュースとは距離を置くことにしたのだ。

こんなことを言えば、はたして世の中から目を背け耳を塞ぎ、それでものが書けるのかと問われそうだが、僕はそれでも書けるはずだと答えたいし、逆に、それでは僕たちの身の回りに溢れているニュースらしきものをすべて網羅して、それで世界がわかるのかと問いたい気分になる。

人が犬を噛めばニュースになるが犬が人を噛んでもニュースにはならないという言い回しがあるように、ニュースは新しいこと、珍しいこと、めったにないこと、不思議なこと、たいへんなこと、困ったことが中心になってつくられる。昔からあること、変わらないこと、あたりまえのこと、のんきなこと、自然なことがニュースになることは少ない。

ニュースによってつくられた世界は本当の世界のごく一部でしかない。

世界はニュースになるものとならないものでできているのに、そして、ニュースにならないもののほうが圧倒的に多いはずなのに、それなのに僕はニュースを見るだけでまるで世界を知った気になってしまう。もちろんせめてその一部だけでも知っていなくてどうするのだと責められると困ってしまうのだけれども、どうもその一部だけを知ることが僕の感覚を麻痺させ、本来なら見えるはずの未来への窓を曇らせているような気がしてならないのだ。
　もっといいやり方があるのかもしれないが、今の僕にはまだ思いつかない。だから、しばらくの間はこのやり方を続けようと思っている。

ノルウェーサーモンはノルウェー料理でインドマグロはインド料理でニホンカモシカは日本料理。

フリースとブリーフとスリーブとフリーズ。似て非なるものだが、じつは似ている面もある。

バーテンダーの友人がいる。彼は酔ったカップルの注文に満面の笑みで応える。「なあ、このカクテルってどんなん？」「あ、それですか。おいしいですよ」「ほな、こっちのは？」「あ、それもおいしいですよ」「ほんなら、これお願いするわ」。彼はレシピをよく知らない。何を頼まれても、いつも同じものを出している。

体内にイブプロフェンを配合。

言うだけで、結局つくらなかったのは、つまり僕がその程度の「本気」だったってこと。本気でやりたいのなら、却下されたら勝手に他へ持って行ってつくったはずだし、いちいちお伺いなんて立てない。その程度の「本気」には、その程度の結果しかついてこない。二十年かけて僕が学んだのはそういうこと。

忘年会の憂鬱

これはフリーになった年にフェイスブックに書いたものだが、これを書いたからなのか、あまりお誘いを受けずにすんでホッとしたのを覚えている。今後のこともあるので、これ見よがしに再掲載しておく。

ＣＭやテレビ番組は、多くの人が思っているよりもはるかに大人数でつくっていて、大規模な撮影や大型の特番になれば百人以上の人が関わることも少なくはない。僕はたくさん人がいる場所が苦手なので、大人数を仕切らなきゃいけない立場になるような現場はいつも憂鬱で、そうした現場へ行く前には必ずお腹が痛くなる。とにかく大人数が苦手なのだ。だから僕が仕切る現場では打ち上げはやらないし、お疲れ様の一本締めなどもやらない。ぜんぶ終わったら「じゃあ」と言って、さっさと帰ることにしている。たまに疲れ果てて帰る気力さえなくなることもあるけれど、それはまた別の話。

そんな僕にとって忘年会のあるこの季節はつらい。

うっかりお誘いをいただくと断ればいいのに断ることも出来ず、初対面の人にどんどん話しかけられる人ってすごいなあなんてことを考えながら、いつも端っこのほうで殆ど話さないままこっそりお茶を飲んでいるだけのことが多いし、たとえ話しかけられても、あまりうまく受け答えも出来ないから、だんだん相手が気まずそうな顔になってくる。申しわけないと思う。

仲の良い数人だけで静かに話すような場だったら平気だし、それこそ楽しいと思うのだけれども、たとえ仲が良くても人数が多くなるとつらくなるし、ましてや知らない人だらけの場に大きな声が飛び交うと、もうたまらなくつらい。

苦手なのにも関わらず、ときには会そのものを僕が主催しなければならないことがあって、もう当日の朝にもなれば、何らかの理由で中止にならないだろうかと願ってばかりいる。自分で企画して、呼びかけて、人を集めた会でさえ、やっぱり隅っこでお茶を飲んでいるのだから、自分でもいったい何がしたいのかよくわからない。

今年フリーになって、仕事をある程度自由に選べるようになったので、とにかく人がたくさん関わるような大きな仕事は、ぜんぶ断るようにしていたらつきあいがものすごく減って、この調子で行けば今のところ忘年会にはまったく誘われずにすみそうだ。とにかくありがたい。本当にありがたい。実は、少しだけ誘われているのだけれども、そのメールには気づいていないふりをしている。

みんなで飲んで騒いで年を忘れるのもいいが、僕の場合、ほんの数日前のことでさえすっかり忘れているから、わざわざ年を忘れる会などやらなくてもまるで構わない。

神楽坂でも街灯にスピーカーをつけて音楽を流している。こういうのって、うるさいと思わないのかなあ。店頭や店内で流す音楽も含めて、東京は音の暴力にあまりにも鈍感すぎると思う。僕はもっと街の音が聞きたい。

元町って今は何なの？　村？

案内がハングル文字だけだと、手がかりさえ掴めなくて途方にくれる韓国にて。日本語がわからない人が日本に来たときは、きっとこういう感覚になるんだろうな。

仕事を依頼した相手に履歴書を出すよう求めることとファミレスで店員にいばり散らすこととＣＭにこれはイメージですっていうテロップを入れることと白紙領収書はダメだと法律に書いていないから問題ないと言うことと過労死するまで追い詰められることは、たぶん同じ何かなのだと思っている。

スケジュールがギッシリ埋まっているってのは、それだけ自分の時間を他人のために使っているということでもあるから、ぜんぜんよくないし、あまり嬉しくもない。

カレーを食べるとご飯があまります。すごくあまります。ルーがあまる人のことが不思議でしかたありません。なぜルーがあまる？

「お前ずっと笑ってるよな」って言われてよく考えてみたら、朝起きたときに「うわ、今日も起きた」って思って笑うし満員電車でギューッとなると「うひゃー！　ギューってなってる！」って思って笑うからたぶんそうなんだろう。

「ネットで真実に目が覚めた」って書いている人をときどき見かけるけど、それって目が覚めたわけじゃなくて別の夢の中に入り込んだだけだからね。しょせんこの世はまやかし。みな幻でござるよ。

テレビもネットもそうだけれど、無料のメディアでわかることなんてたいしたことじゃないし、それで構わないと思っているのなら、たぶん最初からその程度の関心しか持っていなかったってことじゃないかなあ。

ものづくりって、他人に見せて、どれだけ恥ずかしい思いをするかが、わりとだいじだったりする。

僕の意識は、この身体の中にあって、ここから外を覗くことしかできないから、他者の身体の中から見た世界を想像し忘れると、自分の体験がまるで一般的なことがらのように思い込んでしまうし、そもそも体験って脳への信号入力でしかなくて、誤入力だってあるのに絶対的なものと思いがち。
気を抜くと、自分のことを良く見せたくなっちゃうし、誰かに褒めて欲しいって思ったりするから、自分ってあまり信用できない。

仲の良かった人、愚痴をこぼし合った人、尊敬していた人、頼りにしていた人、バカなことを言い合った人、いつかお会いしたいなと思っていた人、お互いまだまだだねなんて笑った人。今年はそういう人たちが、たくさん亡くなった気がする。うまく言えないけど、僕はもうしばらく生きていようって思った。

テープで収録していたころは素材のバックアップなんて作業はなかった。たまにノイズが入ることはあっても撮った素材が消えることはなかった。データ収録の今、毎日すごい量のデータをHDDにバックアップする。技術が進歩した結果、仕事量は倍増した。

どうでも良い会話集

ときおり思いついてバカな会話をツイートする。もっとも、このすべてが僕の創作というわけではなく、中には実際に僕が耳にした現実の会話もある。

人はだいたいバカな会話をするものなのだ。ずいぶんたくさん書いたはずなのだがあまり残っていなかった。メモが残っていたものの中から、いくつかを転載しておく。

お爺さん vs スタバ

爺「あーえーっと、コーヒー一つ」
店「ドリップコーヒーですね」
爺「あ、ああ、はい……ドリップ……」
店「ホットで宜しかったでしょうか？」
爺「えーっと、はい、ホットで」

店「サイズはいかがいたしましょう?」
爺「サイズ……は、普通で」
店「トールでしょうか?」
爺「はい?」
店「トールでしょうか?」
爺「トール? いや、タケオです」
店「はい?」
爺「タ・ケ・オ。タケオキクチのタケオです」

寒いから

店「いらっしゃい」
客「とりあえず……ビール……いや、オカンにしよう」
店「オカン?」
客「うん、今日は寒いから」

あまりにも僕たちは、自分がたいして知らないこと、わかっていないことについて語りすぎているように感じている。誰もが専門家のように振る舞い、関係者のように語る。素人の指摘にハッとさせられることはある。でも殆どは的外れ。なのに、それをメディアが増幅して物事を妨げる。

すぐ人の意見に流されるとか、薄っぺらいとか、その場かぎりの適当なことを言うとか、いざとなったら保身に走るとか、大金を目にしたら簡単に転ぶとか、とりあえず逃げるとか、僕はそれが人間だと思っている。で、近所の子供にあのおじさん何している人って怪しまれるのが理想。

店「寒いから!?」
客「温まりたいんだ」
店「オカンで？」
客「そうだよ。オカンがいちばん温まるでしょ」
店「……うちので……いいんですか？」
客「もちろんだよ」
店「うちの、あの……オカンで？」
客「えっ？」
店「えっ？」

カゼはどこから

「あなたのカゼはどこから？」
「私は鳥から」
「（それアカンやつや！）」

たった数日しか滞在していないフィンランドについて何か言うのはおこがましいけれど「人が毎日きちんと暮らしている国」という印象でした。そして、人のためにさまざまなルールや仕事や社会や街があるように思いました。ルールや仕事のために人がいる、そんなふうにはなりたくないな。

何かをやっている人に文句を言いたくなったり、まわりのものごとにケチをつけたくなったりしたときに「じゃあ、それに対して僕は何をしている？　変えるために何かしてる？」って考えてみると僕自身はたいした行動もせずに、ただ口先で偉そうに指摘して愚痴ってるだけなので恥ずかしくなる。

面接

面接官「今日はどうやってここまで来ましたか？」
就活生「ふっ。俺が本当に今ここにいると思ってるのか？」

運動

医「最近、ちゃんと運動してます？」
僕「毎月、ジムにお金を払ってます」
医「それは運動じゃなくて慈善活動ですね」

バタバタしている

偉「いやあ、悪い悪い。ちょっとバタバタしちゃってさ」
鴨「（お前は鳥か。ずっと羽ばたいてろ）」

知れば知るほど、わからないことは増えるし、けっして全てはわからないのだとわかる。その感覚が理解できないものに歩み寄ろうとする態度をつくるんじゃないのかな。明日すぐに結果のでるような役に立つ情報には、それがないように思う。すぐに手に入るものはすぐに失われる。

ときどき古い映画を観る。いい話だなあと思う。4Kでも8Kでもないけれど、きれいだなあなんてことも思う。映像の美しさって解像度じゃないのだとあらためて感じる。そして良い映画は百分。長くても百二十分まで。それ以上長いものには、たぶん要らない何かが紛れ込んでいるという気がする。

いきなり

「お二人ですか？」

「はい」

「お好きなテーブルをご利用ください」

「じゃあ、ここにしようか」

「うん」

「はい、こちらおしぼりとステーキでございます」

「いきなりかよ！」

本格派

男「ほら、俺って本格派じゃん」
女「そうなんだ」
鴨「（何の本格派なんだ？）」

ライブハウスのステージで、それぞれのバンドメンバーが立つはずの位置にスピーカーを置いて、別スタジオの音を流すって企画書を書いたことがある。エアバンドの対偶的な感じのライブ。演奏者がそこにいない生ライブ。アカデミー賞の生演奏って、ちょっとそんな感じがするよね。

キッチンで紅茶を淹れて仕事場に戻り、さあ飲もうと思ったら、カップが見当たらない。ぼんやりして忘れてきたのだろうかとキッチンに戻ると、すでに飲み乾したカップが置いてある。それどころか紅茶を淹れたときから四時間ほどが経っていることに気づく。どうやら寝ていたらしいが、怖い。

男「だから、光り物にはこだわるんだよね」
女「かっこいい！」
鴨「(本格派……？)」
男「あっ、それが光り物だよ」
女「この赤いお皿？」
男「そう、赤い皿は二百円なんだぜ」
鴨「(本格……派……？)」

電車

車掌「……」
乗客「(ざわざわざわ)」
車掌「……」
乗客「(ざわざわ)」
車掌「……」

シウマイ弁当には「右ごはん派」「左ごはん派」「下ごはん派」などの大派閥のほか、ごはん俵単位切り食べ派と非俵単位派、混ぜ辛子派と乗せ辛子派などの小派閥があり、さらに紅生姜・昆布の合流分離論、甘煮筍と鮪照焼の食順問題、あんずタイミング論争など、未だ問題が山積みになっている。

「スマホがあれば何でも調べられるから、勉強なんてしなくてもいい」って言う人がいて、そのときは「ああ、そうかも」って思ったんだけど、よく考えてみたら、昔の人が「辞典があれば何でも調べられる」とか「電話があれば何でも聞ける」って言ってるのとたいして変わらない話だなって思った。

乗客「（ざわ……ざわ……あれ？）」
車掌「……」
乗客「……」
車掌「はい、みなさんが乗り終わるまで十分かかりました。
　いいですか、これ、みなさんがちゃんとすれば、
　本当は、あと五分早く乗れたはずですよね」

客の反対

客「おい俺は客だぞ。文句あるのか」
店「お客様、客の反対語をご存知で？」
客「はあ？　知らねぇよ。店員か？」
店「客の反対語は、主です」
客「主？」
店「ふははは、私こそがお前の主だ。従え！」

暮らすことや生きることに生産性だとかコストパフォーマンスだとか、そういう考えを持ち込むのは間違いだと思っているのに、最近はいつも効率が持ち込まれている気がしてモヤモヤする。何も生み出さなくても、そこにいるだけでいいし、それが幸せの基本だとも思う。

僕に広告の基本をあれこれ教えてくださった某代理店の超ベテランプランナーAさん。クライアントの役員が居並ぶ中「うーん、この案はどうかな」と首を傾げた先方の社長に向って「俺の案に文句をがあるのか、その顔で」と言い放ち、営業に羽交い締めにされ会議室からつまみ出された話が好き。

客「は、ははーっ」
店「この狼藉者をつまみ出せ」
客「う、うわああ……」
店「ふははは」

ウザいとか

若「ツイとかで企業アカウントとかフォローとかしてます?」
鴨「リストには入れてるよ」
若「なんで企業アカとかフォローとかするんスかね」
鴨「しないの?」
若「ウザいとかってないスか。ほら、ゆるいツイとかする企業とかあるじゃないスか。NHKとか」
鴨「お、おう……」

ドラマ「重版出来」を見ると、レコード会社で働いていたときのことを思い出す。僕に降りかかった大きなトラブルが原因で、担当バンドのデビューをダメにしてしまったり、不安を抱えていたアーティストが音楽から離れるきっかけをつくってしまったり。申しわけなくて今でも胸が痛む。

感情に任せて責任を追及したり、必要のない粗探しをしたり、自分にまるで関係ないことで憤ってみたり。よくよく気をつけていないと僕はすぐにそんなふうになってしまう。責める相手がいると楽だから。白と黒の間にある曖昧さに耐えながら自分の意思を図り続けるよりも、ずっと楽だから。

宗主国だった僕たち

まるで考えはまとまっていないが、自分用のメモとして。

　戦争という悲劇の中でこじれてしまった関係について、無知なるまま長い歴史と経緯が織りなすコンテクストをばっさりと無視して、あとからいろいろ言うのはとても簡単なことだ。それでもここで、たとえ認識が甘いままでも自分なりの考えをちゃんとまとめておかないといけないなと思ったのでメモを残しておこうと思う。

　一九一〇年から終戦までの三十五年間、韓国は日本だった。侵略だとか併合だとか人によって言い方は異なっているし、捉え方も評価もまちまちだけど、とにかくその期間、朝鮮半島が日本だったことは間違いない。

　日本が敗戦した一九四五年から朝鮮半島は米ソの軍政下に入った後、一九四八年に大韓民国つまり韓国は南朝鮮で半ば強引に設立された。

　だが、せっかく独立したものの朝鮮半島ではその後も内乱が続き、日本が朝鮮戦争の特需から急激に経済成長して行く一方で、韓国は世界最貧国となってしまう。

　その後、日韓基本条約で得た対日民間請求権補償や無償経済協力金、民間借款などで得た資金によってようやく経済成長を遂げるのである。

　考えてみれば一時とはいえ一つの国だったのだ。一つの国が二つに分かれたのち、その一方がどんどん発展していくのを横目に見ながら、独立した国のほうはボロボロになっていくという構図は、もちろん世界のあちらこちらで見られることだけれども、その二つがすぐ隣り合わせだという地理環境は珍しいだろう。近くにあるだけに恨み妬みもいっそう募ることだろう。

　足を踏まれていた側に、踏んでいた僕たちが、そろそろ踏まれたと声を上げるのはよせというのは、あまりにも傲慢な態度だというのはわかっている。それでもまあ何というか、もちろん、こんなことを言える立場ではないのだけれども、韓国はそろそろ勝ち負けにこだわるのはやめてはどうだろうかとも思う。釜山の周囲を眺めれば、日本の企業は韓国大手の下請けばかり。もうとっくに勝っているのだ。

　自分たちは支配された側だという意識が無くならない限り、いつまで経っても本当の独立は出来ないと思う。せっかく経済的にはもう世界を席巻しつつあるのだし、ファッションや映画、音楽などといった文化面でも日本を圧倒しているのだから、そろそろ意識を次のステップに進められないだろうか。

　そして宗主国だった僕たちは、かつて支配したのだという自覚を持って、感情だけではなく法と利害を冷静に捉えながら、新国家を厳しく優しく見守り躾け育てていく義務があるのだと思う。それが、ある一定の期間とはいえ一つの国として支配した者たちの務めなのだとも思う。

それは好き嫌いの問題ではなく、責任とプライドの問題だ。どんな理由があるにせよ、少なくともその立場から逃げてはいけない。それがかつて宗主国であったということなのだ。

猫たちをぼんやりと見ているうちに、突然こんなに小さくて無力な生き物が意思を持って動いていることがとても怖くなって、猫が近づいて来るたびに、身体を強張らせている。交差点でたくさんの人を見かけて怖くなるのと同じような感覚。この世に自分以外の意思が存在することが怖い。

毎年「今年の漢字」が発表されるけど、どれほど時代が変わろうとどんなに社会が大きく変わろうといつだって「愛」でいいじゃないか。それでいいじゃないか。

人生の殆どは、運と縁で出来ている。運を上手に見つけてその尻尾を捕まえるのはなかなか難しいし時には運に見放されたように感じることもあるけれど、縁のほうはできるだけ人を大切に想う気持ちさえ持っていれば、案外なんとかなる。

きのう「えっ？　鴨さんって働いてるんですか？」って聞かれて、いまごろ少し傷ついている。働いてます。働きたくないけど。

だいたいどの映画も犯人はヤス。

去年モンティパイソンのライブを見に行ったときに、会場の周辺を「まさかのときのスペイン宗教裁判」のコスプレをしているおじさんたちがウロウロしていて、カオスだったことを思い出した。

ときどき自分のことを信長だとか龍馬だとかになぞらえる経営者を見かけるけれど、あの人たちって部下に謀反を起こされたり、暗殺されたりしたいのだろうか。知らんけど。あと「よし！　今期は全員野球でいくぞ」っていう経営者のいる会社も、別に野球はやってない。やってるかも知らんけど。

僕が、仕事をしていないときにはどれだけ高い集中力を発揮しているかを、いっしょに仕事している人たちに見せてやりたい。仕事中の僕は仮の姿なのだよ。

僕はあまりものが覚えられない。同じ映画を何度も観て、そのたびに初めて観るように驚いたり笑ったりして最後のシーンが終わってから「これ観たことあったかも知れない」と思う。パーティで同じ人に二度名刺を渡そうとすることもよくある。何でもパッと見ただけで覚えられる人に憧れる。

コーラフロートやコーヒーフロートの、飲み物とアイスとの境目のあたりのシャリシャリしている部分が好きなんだけど、あの部分には何か特別な名前がついていないのだろうか。

たいして自分には関係のない他人のことであれこれと時間を使うよりも、まずは自分のやれること、自分やりたいこと、自分がやらなきゃいけないことをちゃんとやろうと思いました。

本気じゃない人の冷水感って、ほかの本気の人たちの熱量をぜんぶ合わせたものさえ一気に冷ましちゃうくらいなので、何かやりたい時には本気じゃない人は入れないほうがいいし、自分の中に少しでも本気じゃない気持ちがあるならその気持ちを取り除くか、参加しないかのどちらかを選ばないといけない。

これは自分で考えたことなのか、それとも、他の人の考えたことが知らず知らずのうちに頭の中に混ざり込んで、それを自分で考えたつもりになっているのかが、ときどきわからなくなって、とても怖くなる。

先生は別に叱ったりしませんからウォシュレットの勢いを“最大”に設定した人、そこで黙って手を上げなさい。

きょうはSuicaを忘れてゆりかもめの切符を買ったんだけど、改札を通るときに切符をタッチパネルにかざしてふおおおおお！　ゲートが開かない！　ってなったので習慣って恐ろしいなって思った。

旅は思い通りにいかないことだらけ。でも、たぶん人生も同じ。旅が上手くなれば、人生も少しは上手くなるような気がする。

とんとん拍子で上手くいったり、棚からぼた餅が落ちてきたり、濡れ手に粟をつかんだり、果報を寝て待ったり、わらしべ長者っぽかったり、そういうのが好き。

音楽の仕事をしていたころ、取っ払い（その場での現金払い）でしか演奏しないベーシストがいた。金額のかなり高額なレコーディングでも絶対に取っ払い。「もし俺が今夜死んだらどうするんだ。振り込みなんか待ってられるか」が彼の言い分だった。

それ、もう観たから

いつのことだったか大ヒットしたハリウッドのスタジオ作品ばかりが並ぶ準新作コーナーでカップルの会話を耳にしたことがある。レンタルビデオ店での話だ。「これは？」「でもそれ、もう観たじゃん」「そうだっけ？」「うん、観た観た」「そっか。じゃあ、違うのにしよう」そう言って、彼らは一度手にしたＤＶＤのパッケージを棚に戻した。

僕は好きな本や好きな映画は何度も繰り返して読んだり観たりするほうなので、たとえ観たことがあっても、気になるのならもう一度観ればいいんじゃないかなと思うのだけれど、彼らはそうは思わないらしい。もちろん、せっかく同じ時間を費やすのなら、これまでまだ観たことのないものにどんどん出会いたいという気持ちもよくわかる。けれども、その会話に出てきた「でもそれ、もう観たじゃん」に僕は、いちど観たものはもう観る必要がないというニュアンスが含まれているような印象を受けたのだ。

これは僕の勝手な妄想に過ぎないけれども、もしも彼らが、まだ観ていない作品リストを順番に消化するような観方をしているのだとしたら、それはちょっと寂しいなあと、肩を寄せ合う二人の後ろに立ったまま、僕はぼんやりと思ったのだった。

イケメン薬剤師が三人もいるという、誰得なのかよくわからない近所の薬局に、最近若い女性薬剤師が入ったので今後の展開に胸熱。

後学のために、いちおう覗いておかなきゃなと思って入ったカジノの中で完全に迷い、うっかりVIPルームに入り込んでしまったので慌てて出ようと間違ったドアを強引に開けようとして警報を鳴らし警備員に囲まれたアカウントがこちらになります。

愛媛といえば、みかん。徳島といえば、阿波踊り。香川といえば、照之。高知といえば、エディ・ジョーンズ。

会議中「何か深く考えているふうのポーズ」をあれこれ深く考えながら試していたので、まちがいなく「何か深く考えているふうのポーズ」になっていたはず。

たぶん、パワポを使っている人の大半は「パワポを使うこと」が目的だと思う。わざわざスライドにしなくても良いようなことばかりダラダラ見せつけられるし、僕もああいうのがつくりたい。

ルイス・カナンの誤訳

注目はいったいボールなのか。結果ながらライトの交差はないし、またスイッチからネットに翻弄される。チャラになってから、意図は悪気だとやたらと真ん中になった議論がある。出発点だが奇術師と言われるような一般論が、ここまでの方向に表現される仕組みがあればテレビなのか。何もかもが授業だ。

ポルトガルの小さな港で葉書を受け取ったあと、ルイスはできるだけ早く自分自身と牧師に連絡をしようと思っていた。すべてが赤く見え、鉄はみごとに錆びついていた。

縦横に圧縮されたこの小さなメッセージには、こうしたものは通常は予書きで直線的に表示されるものなのだが、鋭いエッジが二回も書き込まれているせいで、小冊子を読む者の心を深く傷つけた。ルイス・カナンは、もはや次の部屋から走り出す望遠鏡も同然だった。

葉書の保有者である古い父親とルイスの兄弟たちは、三十年の間に三十の家族をそこここに残していた。ルイスはどこにでも写真を持っていく代わりに、古い父親から逃げ出したのだ。ルイスはその写真を見ることをいつだって望まなかったし、それは兄弟たちも同様だった。なにせ三十年の間に三十の家族なのだ。

「蟹は好きじゃない」

ルイスは目を閉じた。あの歴史的な政策はわずか四、五人の幸せでしかなく、そして彼らはいつも自分たちの飲む紅茶の味は良いものだと信じ込んでいた。もちろん、彼らはルイスの父親などではなく、彼がその気になりさえすれば、彼らすべての名前を、このねじ曲がった時間の下草から見つけ出すこともできたのだ。

やがて一つまたは二つの幸運が独立した。誰にもそれを防ぐことはできなかったが、人々を騙しながら足元を流れていく歴史の夜と同じように、長い時間をかけてその幸せたちは、名前という倉庫の中へ格納されていった。

いずれにせよ、ルイス・カナンは古い父親の顔を知らない。彼は自分自身が自分の新しい父親なのだと言い張り、考えてみればそれは奇妙な言い回しなのだが、その結果、ルイスの記憶は完全に無視され、それ以降は誰にも拒否されることがなくなった。

「どうしてすぐに戻ってきたの」細長く切って充分に乾かした木の皮を複雑に編んで作られた砂糖壺が尋ねた。壺には煮詰めたばかりの膠がたっぷりと塗られていて、光を、主に鈍色の光をよく跳ね返した。

「私はまだ充分に点滅していないし、たとえ点滅していたとしても、周りと一緒に点滅していては、自分が点滅していることはわからない」ルイスはいつものように、斜め方向に上がった旗を見つめるときの目で答えた。

　実を言えば、ルイスはあの白黒写真の背後に、葉書とポスターを描くために戻って来たのだった。ポルトガルの漁師はポルトガルにいるし、ポルトガル以外にも漁師はいた。殆どの漁師は屈強で日焼けした赤い肌をして、しこたまラムを飲み、どこへ行っても化粧の派手な女たちと一緒にいる。そこでポルトガルの漁師たちは、港に留めたままになっている古く汚れた漁船の甲板から伸びる板の先に、大きな魚と小さな蟹を思う存分にぶら下げ、ようやくタンゴを踊ることにした。

　ルイスがなぜその葉書を手にすることになったのかは、今を以て謎のままで、それでも彼はこの世界で彼自身の人生を生きなければならないと悟っていた。ルイスの居場所についての記事はたくさん書かれていたし、書かれている以上の記事が読まれていた。多くの人がルイスを歓迎していた。ルイスに反対するものは慎重に記事を破りとってから、オリーブオイルを注いだ大匙の上へ載せ、葉巻きの先の炎で燃やした。賛成派と反対派の揉め事は長く続いたが、最後に人々は興味深く面白いレコードを見つけ出すことに成功し、世界を音楽で満たした。

だが、それと同時に大いなる問題も残されていた。ルイスの呼吸を保護するための薄く柔らかく敏感な膜が上下に動き、彼自身の未来が失われたと見なされた場合、正しい部分の選別は概ね株式会社によって決定されることになっていた。

真実を語ろうとするならば、これは誰かの過去ではなく、過去の誰かの話だ。けれどもまだ会社はそれを見つけることができていない。会社にできることは何もなく、仕立て直した背広をただ持ち主に届け直すほかなかった。

そう。その結果がこの葉書なのだった。ポルトガルからは、もちろんポルトガルの漁村がこの仕事を忘れたかどうかは不明なままだったが、午後が消えていた。ああ。午後というものがすべて忘れられたかのように。

　こうしてルイスは、彼が新しい父親であるかどうかはさておき、トーランドのバスケットボール学校からその葉書を受けとったのだった。ここにも午後はなかった。明後日から雨が降り始めるのを見て、ルイスは午前中に旅に出ようと決めた。結局のところ、あの葉書だけでなく道路に隠された墓石の後にも中空のブランドは存在したし、昼食後に渡された蜂蜜は、誰もが一日後に舐めることにしていたから、ルイスが困ることはなかった。そして彼は斜面の上で早々に優先するための支度を始めていた。もちろん午後は消えている。

「いずれにせよ、私には船が必要だ」誰も聞こうともしないほどの大声でルイスは言った。

「娯楽の方法が豊富に詰まっている資本と、偉大な船主と才能ある腕利きの鎧たち。それがなければ夜を漕ぎ上がることなどできっこない」

　歩いて桟橋まで行ったルイスは、波止場のバーにいる全ての女たちに一本ずつ導火線を投げることにした。彼はすぐさま反対側の箱に謙虚さを入れておかなければならなかったが、彼の謙虚さは兄弟たちが勝った後であらかたもらう約束になっていたので、しばらく彷徨うほかなかった。当面の孤独は別の箱にもあったが、そこには常に様々な種類の謙虚さが、ヤモリのようにひっそりと息を潜めて紛れ込んでいた。

それまでは、控えめに支配された藍色の包装紙しか箱の中に残っていなかったのだが、ルイスはその裏に双子が関与した痕跡を見つけていた。ルイスはそっと細長い息を吹きかけてその痕跡を消し去った。午後の流れ方とまるで同じだった。それは予想通りの展開だったし、きっとこれに反対する者はいないだろうとルイスは考えていた。

船長は銀色の髪と日焼けした赤い肌を持ち、同じく日焼けした縞模様のシャツを着ていた。靴は古い木製の紙でできていて、頭と共にあることを嫌った銀色の髪が何本か靴の上に落ちていた。

ルイスが欲しがることを知っていた船長は、才能のある船員を連れて来ていた。船員たちはみな腕利きで、そのポケットには湿度を保ったままの葉巻が入っていたし、反対側のポケットには動きのない鎖と時間を保持するための鎖が入っていて、船員たちは時々それらを取り除きつつ、ガラス面を亜麻で拭き取っていた。

あの葉書に描かれた魚は比較的大袈裟なものだったが、葉書そのものはそれほど大きいわけではなく、だから最終的に魚はいくぶん小さなものになっていた。ああ、魚たち。ルイスが葉書の背中側から魚の骨を勢いよく引っ張ると、弾けた空気錨の中にトウモロコシの香りが充満してしまい、船長は大いに咳き込んだ。

「四十人分のフェローだ。それ以上でもそれ以下でもない」

その金額は、遥かに誇張されていたし、船長自身は彼が幸せではないと信じていたが、ルイスは自分が支払った金のためなら、船長だってそれくらいのことをするだろうと思っていた。そして、ここで最も重要なことは、ルイスには金があるという事実そのものだった。

埋葬されたケーブルの端を引っ張ったあとに行われた、油で覆われた夜通しの昼食会は、ルイスとその兄弟に大きな利益をもたらしていた。それは倉庫の中にある名前を継承するということで、それ故にルイス・カナンは金持ちなのだ。

ルイスは彼の背後にいる人を誰一人知らなかったが、ある日、兄弟のところに旋盤工からの連絡が入ったのだった。彼は身体を押し広げるために明るい色のドレスを着てさえいれば、提案された弁護士を見つけることはそれほど難しくはないと語り、やがて弁護士の役割を担うことになった。鉄の塊から人を削ろうという算段で、彼はそれを見事にやってのけた。

誰の目にも明らかなことに、彼は例のケーブルの秘密をルイスに教えた上司でもあったから、株式会社が全ての責任を負うとはわかっていたが、ルイスはすでにそれを受け入れる準備ができていた。

やがてボウルの水がゆっくりと地球に流れ始め、湿った場所から新しい男の子が郵送された。ルイスは溝の中にはしごの石を持っていて、金属製のワイヤーがないかと周囲に尋ねるようになった。

最初からそこにいた者たちは、カラフからの水を受けて地面に沈み始めていた。そうすれば、新しい芽は犬の湿った場所で芽吹くこともできる。この犬の首輪はトレンローから持ってきたもので、犬自身がそれを気に入っていたかどうかはわからないが、犬の飼い主であるご夫人は、首輪に埋め込んだコイルが光を反射するたびに、満足そうな笑みを浮かべていた。

ここではすべてが変わらないまま大きな変化を続けていた。まるで葉書に残ったかのような船は、そのまま埠頭に預けられることになった。ルイスは旋盤工を信頼し、船のケーブルを錆びさせないように頼んだ。だが、こうなると何もかもが彼の自由になってしまう。順調だった。あまりにも順調すぎて、信用ならない銀行員のようだった。

しかたなくルイスと兄弟たちは、船が水に濡れないように、夜になってから、もしも夜が訪れたとしたらだが、白いペンキを多量に塗ることにした。世の中にある絵画の多くは痛みが酷く、夜間では濡れない代わりに、白い塗料が上から置き換えられている。それと同じことだった。まったく同じではないが概ね同じことなのだ。

「だったらボートでもできるはずだ」ルイスは言った。

そこで兄弟たちが、一度白いペンキを塗ったところに、さらに白いペンキを塗り重ねると、厚ぼったい白色がすっと消えていき、太陽の光を受けた甲板に灰色の幾何学模様が現れた。白が透明に変わったわけではない。色そのものが消えていた。甲板から色という概念が消えていたのだった。

そうしてこぼれ落ちた赤い光で辺りが満たされると、それまで屋根の上に座って静かにしていた猫が大きく不必要な無音を立てた。その無音は酷くうるさかった。

丸木の桟橋から上昇し始めた船が、優越に向かって時間を遡ろうという段になって、ルイスは彼の良い曲と古い曲がその胸の内にあったことを思い出した。惚けた優しさと古い欲望が芽生えたカボチャを作るような感覚を伴っていて、それは、ちょうどツバメが木の枝を折り畳むようなもので、その折り畳まれた枝は隅々まで丁寧に集められ、あらゆる角が切り取られていくところだった。誰もが知っているように、それは全てに優越していたし、誰一人としてその穀物には抵抗が出来なかった。

昼の空を覆っていたのは見事なまでに音楽だったから、あのときルイスは良い音楽と悪い音楽を忘れずに奏でるべきだったのだ。

人は鶏の入った箱を混ぜ合わせる自由を持っているし、その奇跡は甘い香りのする革命のようだが、ルイスはいつまでも足の先で池に触れていたいと願っていた。まったくそれはよく煮えたジャガイモがさらに調理されたようなものだったし、それに、結局のところ、誤解や予算が最高潮に達すると、象は思い思いの旗を振り回し始めたのだった。

人生の問題はそこにある。振り回される香りを掴めば、建物は屋根だけを残して消えてしまう。

「ここに写っている船が見えましたか?」ルイスは皿の上の残りの写真をその場に留まっている鳥たちに示した。

「この船は古い船だ」と鳥は正確に答えた。

「もしも過去の船を見たいなら、過去の海に行くことができるだろう」

「私は過去の海にいます」ルイスは写真をひらひらさせ、鳥たちは嬉しそうに飛び去っていった。鳥は逃げたのだった。

写真は、そう、その社会的な写真のありかは寛容と礼拝への欲望、そして何よりも憧憬の夥しさに相応しいものだったから、誰もが燃え立つ希望の残り香をその中に感じ取ろうとしていたし、写し出された魚の量は人々を驚かすのに充分ではなかった。さんざんな改善にも関わらず、彼らが雲の流れに取り組めないことは明白で、ルイスはゆっくり降りてくる野蛮な空に向かって、左足を慎重につき出そうとしていた。

「面白い。これは面白い。面白いぞ」ルイスは何度も口にした。いつもより充分に丁寧な口調だった。それはどんなふうに見えるとしても、常に静かで生白い足に過ぎなかった。

やがて船が進み始めると経験豊富な腕利きの船員たちは、それはもう完全に一流の腕を持っている船員たちだったが、それぞれにポケットから古い時計をとり出して、亜麻布でガラス面を照らし始めた。曇った側に息のスプレーをかけ、優しく拭きとったらすぐに泳ぐ。その繰り返しだ。船員は得意げに時計を投げ捨てると、浮ついた笑みで女達のことを話し始めた。

「あなたも宥めればいい」船員の一人が強く勧めてくれたが、ルイスはきっぱりと断ることにした。

「私はガラスを拭かないのです」

ルイスはこれまでの人生で一度も瓶を吊るしていなかったから、時計を拭いたことは無かったし、今、目の前でそれを示している船員たちを羨ましいとも思わなかったのに、どこかに亜麻布が落ちていやしないだろうかと、甲板のあちらこちらに目をやった。

ついにルイスは亜麻布を手に入れることができなかった。しかし、ルイスは最後に兄弟たちの中から、もちろんそのときには一番上の兄弟はまだ生まれていなかったわけだが、ともかく兄弟から抜け落ちた黒く長い羽根を見つけたので、指先で慎重に署名することにした。

「それさえあれば、船がいかなる回転をしている場合でも、ここで午後を待つことが出来るはずだ」

正直に言うと、ルイスの頭痛は酷いものだった。船長が海の上に水を置いてくれたが、まったくもって適してはいなかった。船員が気を利かしてラム酒を海面にまき散らしてくれたものの、そんなことで治まるようなものでもなく、頭痛はやがて全身を落とした。あまりにも多くの頭痛は胃を痛めるのだ。

ルイスがレコード針を投げつけると、回り始めた良い音楽が消え去った午後を満たした。そうしてついに、ルイスを乗せた船は過去へ向かい始めたのだった。

空間の近くだった。負の曲率と認識の否定からなる検証は、平行線の矛盾に寝転がり、体系が独立するのを待っていた。公理系は少なく、直線は疲れて無限にむらがり、猥雑な公理からは公準が染み出していた。証明は無限で覆われ、そこでは全ての皮肉が殆ど双曲線を変えることなく完全に漂っていた。

そうやってルイスは半球に辿り着いた。やがて午前三時の金梃子を利用して、一枚ずつゆっくりと、心の奥底にある無人島をめくり始めたのだった。

飛行機が上下にブワンブワンと揺れるのすごく好き。この感覚、ほかでは味わえないんだよね。

めんつゆに牛乳を入れて「めんつゆオレ」にしてしまう季節がやってまいりました。

電車が動き始めると必ず「あれ？逆？」って思うの何でだろう。

仕事っていろんな人がコツコツやっている細かなことがら同士の掛け算だから、１を０にする仕事の人が１人参加しただけで、ぜんぶが０になる。足し算ならよかったのにね。

公募だの全社員にアンケートだのって、だいたいろくなことにならない。みんなで決めたものって、たいていつまらないんだよ。

風月堂のゴーフルは二枚の薄い焼き菓子の間にクリームが挟んである。僕はこの二枚を剥がして食べる。くっついているときには何の差もないのに、二枚にわけたとたんクリームの量によって価値に差が生じる。

同じように、裏表のないトーストにバターを塗った瞬間から、そこには表と裏が生じる。これが哲学というものである。

外で小学生がリコーダーで「となりのトトロ」のサビのところだけを無限ループで吹いているのが聞こえていて、頼むから二番に行ってくれーってなってるところ。

ワサビには侘びと寂びが入ってる

公民の教科書に江戸しぐさみたいなインチキを載せるのなら、保健体育の教科書にはエロしぐさを載せなきゃ。

関西人がみんな面白いことを言うと思うのは、ウィーンの人がみんなバイオリン弾けるとか、パリの人がみんなおしゃれだとか、アイスランドの人がみんなかき氷好きって思うのと同じで、大間違い。

ことし見た七夕の短冊の中では、知人のお子さんが書いた「なにもかもうまくいきますように」が、ざっくりとした強欲さで、たいへんよかった。

愛していると言わずに

うっかり観てしまったことで、とてもいやな気分になってしまったドラマや映画なんて数知れず。辛くて耐えられなくてチャンネルを変えたり劇場を出たりしたことだってなくはない。中にはどうしてこういうものが流行るのだろうかと不思議に思うものもあるが、流行っているのはもちろん多くの人に受け入れられているからに決まっていて、それを不思議に思う僕のほうがよっぽど世の中からずれているわけだ。

それでも何かを観たり聴いたり読んだりするとき、どうしても作品の良し悪しよりも、まずは僕の好みに合うか合わないかが優先されてしまうし、そして、その気持ちはそっくりそのまま自分がつくるものにも返ってくる。お前のつくるものは嫌いだ耐えられない好みではないと言われたとき、僕には返す言葉がない。

好きなものを好きと公言するようにして、嫌いなものをわざわざ嫌いだと口にすることを僕はあまりやらないけれど、それでもこれは変じゃないだろうかと問いかけることだってたまにはあるから、もしもそんな僕の意見をつくり手がなるほどと聞き入れてくれたら、たぶん僕は嬉しく思うだろう。

でも、だからといって上映を、放送を中止にしろとは思わないし、そうは言わない。だってそれは映画だから。だってそれはドラマだから。観るか観ないかは自分で選ぶことの出来るものなのだから。

僕は世の中にあるいろいろなものごとから、それが正解か不正解かは別として、少なくとも自分で選択できることがとても大切だと思っている。僕がいちばん嫌なのは、一つの考え方、一つの方法、一つのあり方しか選べなくなることだし、それを強要されることはもっと嫌だ。誰かを傷つけたり、不幸にしたり、あるいは他の誰かの選択肢を奪うことになったりしない限り、僕はできるだけたくさんの選択肢を持っていたいと思う。

それはさておき、映画を観終わったあとに、ふと周りから漏れ聞こえる感想に耳を欹てていると、セリフをその言葉どおりに受け取る人が案外多いのだと気づく。感情と言葉は常にずれているもので、そのずれを読み解くところにも映像作品を観る面白さがあるんだけどなあ。
　ふだん僕たちの使っている言葉だって感情と常に一致していることなんてないのだし、みんな「愛している」という言葉を使わずに愛を伝えることは出来ているはずなのにね。

誰かの悪口を言っているときや、何かの欠点をあげつらっているときの自分の心の奥底を探って、気持ちをよくよく観察してみると、たいていの場合は「僕の方がすごい／僕の方がわかっている／僕の方ができる」という感情がこっそり横たわっているので、嫉妬心って形を変えてどこにでも紛れ込むんだなあと毎回のように驚く。

人「何だと連絡つきやすい？」
鴨「いつも持ってるのは携帯」
人「じゃあ、携帯に連絡するわ」
鴨「持ってるけど電源切ってる」
人「どうして切ってるの？」
鴨「かかってくるから」

ピクの中でピチピチ跳ねる新鮮な酢豚！　たまりませんな！！

いちばん近くのコンビニにフレンドリー過ぎてちょっと苦手な店員さんがいるので、二番目に近いコンビニに行ったら、その店員さんがそっちに移ってた……。「あれ？　今日はじゃがりこ買わないんすか？」とか言われて泣きたい。

今月の新刊
　『空気を読めば窒素が八割』

次回の「花燃ゆ」。ゾンビとして復活した寅次郎は高杉とロックバンドを組み、大江戸エッグマンでのワンマンライブに挑むことに。だが、文はノルマぶんのチケットを捌くことができずにいた。それを知った直弼は……。

僕は、人の身体と心は食べたものと見聞きしたもので出来ていると思っているので、罵詈雑言のような表現は出来るだけ目に入れないようにしている。自分の中にそういうものが入って、どこかに残ってしまうのがイヤなんだ。

ネコノミクス三本の矢
　1）筋肉の緩和
　2）なわばりの拡張
　3）環境の最適化

僕が続けているのは、自分の体験をそのまま伝えるのではなく、別の手段で、別のものごとに置き換えて、別の生理を刺激することで同じ感覚を共有してもらおうとする試みなのかも知れない。

最近アンケートで「好きな食べ物は？」という質問があったら、ロキソニンと書くようにしている。

どうしてプロデューサーって「最近どう？」と尋くのか。そして、どうして僕が答えようとするのを遮って自分の話を始めるのか。

天下国家の問題を朗々と語るのって、身の回りのことをちゃんとしたり、身近な人を大切にしたり、明日の暮らしを丁寧に考えたりするよりも、どこか楽なんだよね。それはたぶん、狭い意味での責任を取らなくてもいいことだからなんだろうな。このごろ僕はそう思っている。たいていの人は楽なことが好き。

桑田さんのあの程度のパフォーマンスさえ笑って許容できないのなら、もっと多様で複雑な世界に向き合うことなんてできっこない。

ものごとに白黒つけるのは、一見たいへんそうに思えるけれども、実はとても楽だから、僕たちはついそこに逃げ込んでしまう。曖昧さを受け入れることにこそ、勇気と忍耐力が必要なのに。

ちゃんとしたズボン履いてるときは、だいたいバンドマン。ジャージのときはヒモマン。

曖昧であやふやなお奨め

僕は書店が大好きなのだけれども、入るときにはそれなりの覚悟を持つ必要がある。うっかり気を抜いて入ろうものなら、両手の紙袋一杯に本を抱えて店を出る羽目になるし、あとから届くクレジットカードの明細書を見て頭を抱えることにもなる。

それでもやっぱり書店に足を向けたくなるのは、そこに書店員がいるからであって、さらに言えば、書店員が棚をつくっているからだ。

もちろん最初から目的の一冊があって書店に入ることもあるけれど、それまで知らなかった著者や書物に偶然出会えることに書店の楽しさがあると僕は思っている。

一歩書店に入れば、目の前には新刊本や定番のベストセラーが、あるいは何かの賞を受賞したり映像作品の原作になったりという、いわゆるみんなの買いたい本が全面展開されているわけだけれども、さらに足を進めてそれぞれの棚の前に立ち、並べられている本をじっくり眺めてみると、その棚を担当する書店員がどんな本を好んでいるのか、あるいは何を伝えようとしているのかが、ぼんやりと見えてくるような気がするのだ。

この世にある本の殆どを僕は知らないから僕が自分の意思で手に取る本はどうしても偏っていて、たとえ内容を知らぬまま装幀だけを見て選ぶにしても、なぜかやっぱりお馴染みのものばかりを買うことになってしまう。

だから僕にとって書店の棚は、知らない街で一歩路地裏に入り込むための案内板のようなもので、歩き回る世界を少しずつ広げるには棚を眺めるのが一番いいのだ。

いくつかの書店を回ってみればすぐにわかることだが、棚には書店員の個性が滲み出ているし、直接話をしたこともないのに棚を見ているだけで、ああこの人とは気が合いそうだなあなんて思うことがある。そしてこの人の奨める本ならきっと僕の好みに合うはずだと手を伸ばすことになる。

それは、この本を読んだ人はこの本も読んでいますという、ネット通販が教えてくれる種類のお奨めとは何かが違う、もっと曖昧であやふやで、本来なら繋がるはずのない微妙な線で繋がったお奨めなのだ。それは書店員の頭の中にしかない、きっと他の誰にもわからない奇跡的な繋がりなのだ。そうして棚の前に立った僕は、その繋がりを驚きながら見つめることになる。

これは本に限ったことではないが、知らないものと出会うたびに僕の世界はほんの少しずつ広がっていく。だからこそ書店は面白いのだし、出会うはずのなかった未知の著者や書物にそうやって出会うことが僕は好きだ。

問題はカードの支払いだけである。世界を広げようとすると、そのぶん支払う金額も増えてしまうのだ。

こちら側を卒業した動物たちの思い出を、笑いながら話せるって本当に素敵なことだと思う。かわいかったことも、おバカだったことも、ずっと覚えているんだ。

知識とは未知の海にぽっかりと浮かぶ島のようなもので、知識が増えて島が大きくなればなるほど、その海岸線は長くなっていく。島が小さいときには、未知との境界線も短いので、すぐに手が届きそうだと感じるのに、知識が増えるほど海岸線は長くなり、僕たちは未知の海の広大さを思い知る。

人生にはコスパなんてないし、勝ち負けだってない。コスパだの成功だの言う人は、そのほうが気分がいいから言っているだけで、僕たちには関係ない話だから聞かなくていい。

「本日は、たいへんお忙しいところお集まりいただきまして誠にありがとうございます」
「ではまずみなさん順番に、簡単な自己紹介をお願いします」
「さて最初の議題ですが、この会議の名称を何にしましょうか？」
「では、次回の会議はいつにしましょうか？」

風疹や麻疹って、ある種の災害に近いものだと思うから、厚労省は防災の日にワクチンの広報をするといいんじゃないかなと思った。自分が病気にならないためというだけでなく、自分が感染源となって子供やお年寄りを殺さないためにワクチンの接種を、ぜひ。

気をぬくとすぐ自分の気持ちや考えに、嘘やごまかしや見栄やカッコつけやインチキや他人の考えが混ざってくる。

普通のフランス人は殆ど日本語がわからないから、フランス語に訳された本や映画やニュース記事で日本のことを知る。翻訳された断片から、Le Japonのイメージが組み立てられる。でもそれは実際の日本とはけっこう違っている。僕たちが他国に対して持っているイメージも、きっとそう。

若い人から「参考にしたいので好きな言葉をいくつか教えてください」って聞かれたので「棚から牡丹餅、濡れ手で粟、漁夫の利」って答えたら、ちょっといやな顔された。ちなみに「瓢箪から駒」とか「果報は寝て待て」とか「笑う門には福来たる」も好き。

書き手の問題

僕はインタビューを受けたときなどの原稿チェックは一切やらないことにしている。面倒くさいからだ。事実の確認をしたいと相談された場合を除いて、書き手に全てお任せしている。

たとえ僕が話したことであっても、書き手の伝えたいことによって、どの部分を使うのか、どの順番で使うのかによって、記事の中身はずいぶんと変わるもので、だから、あっちとこっちの媒体で僕がまったく逆の話をしていることもあって、これがめちゃくちゃおもしろい。

公開された記事を読んで、絶対に僕が言わないような言葉を文中で使っていたり、あきらかな誤解や間違い、ときには強引な作り話があったりしても、訂正せずそのまま放置している。

さらにその記事からの引用で紹介文が書かれたり、あるいはこの人はこういう人なのだと論評されると、やがてそこには僕とは違う第二、第三の僕が現れて、ますます可笑しなことになる。これが楽しい。

こういうことは、自分でいくら意識してやろうとしてもなかなかできない。もしも事前に原稿をチェックすれば、どうしてもカッコをつけて、どこか一貫性の保たれたものに直そうとしてしまうだろう。でも、それじゃつまらない。

どうせ僕の考えることなど、昨日と今日で変わるのだし、同じ文章を読んだって、人によって読み取り方はまるで異なってくるのだから、記事に出てくる自分を一貫させることに何の意味もない。ただ面倒くさいだけだ。

言ってもいないことを言ったと書かれて怒る人もいるが、もう僕はどうでもいい。それは僕の問題ではなく書き手の問題だ。書き手のプライドや戦略や考え方や方針の問題だ。そんなことにいちいち腹を立てることもまた面倒くさい。せっかくなら面白がるほうがいい。だから書く人は書きたいように書けばいいし、読む人は読みたいように読めばいいと思っている。

年を越す

年を越すというのは、ただ人間が勝手につくった数字が変わるというだけで本質的には何の変化もない時間の連続なのに、それでもやっぱり何かが変わるような気がするから面白い。何周年なんて言い方も同じことで、そうやって僕たちは、自分のつくった言葉で、自分の感覚を御しているようなところがある。

いつも年が明けると僕は神戸へ帰るスケジュールをあれこれと考え始める。一月十七日の慰霊祭は早朝に行われるので前日の夜に帰って、式典が終わったらすぐさま東京へトンボ返りをするというのがここ十年ばかり僕が繰り返してきた移動パターンだ。

もう一月十七日に神戸へ帰るのを止めようと決めたのは今年の慰霊祭のすぐ後のことで、それは去年のクリスマスあたりからぼんやりと考えていたことだった。慰霊とは何か鎮魂とは何かをずっと考えて、そしていつまでも忘れずにいるために語り継ぐ式典のようなものは、もう僕には必要がないのだと感じたのだ。

慰霊とは霊を慰めると書くものの、結局のところは生きている者の心を慰めるためのものだと僕は考えている。もちろん今なお式典が必要な人はたくさんいるし、そうやって年に一度、心の傷と向かい合うことでなんとか折り合いをつけながら今を生きている人も少なくない。その一方で毎年の式典があるから今も思い出して苦しくなると言う人もいる。本当にそれぞれの体験によって、立場によって、あるいは今どう生きているかによって、慰霊のあり方はちがっている。正解はないし、それぞれが自分で考え選ぶほかない。

災害の記憶に関して本音を言えば、どんどん風化すればいい、と僕は思っている。それはけっして忘れることではない。文字通り、神戸を吹き抜ける風の中に溶け込み、暮らしの一部になることだ。わざわざ思い出すのではなく、常にそこにあることだ。

あれからまもなく二十四年が経つ。来年四十八歳になる僕にとってはちょうど半分。ここからは震災以後の人生のほうが長くなる。

直後に慌てて帰省し目の当たりにした光景も、亡くなった知人たちのことも、避難所で見た人間模様も忘れることはないし、それは今でも僕が何かものごとを考えるときの土台になっている。ある意味で、僕はずっとあの日にいるのだ。僕の中には日常として存在しているのだから、わざわざ特別な儀式をする必要はもうない。僕にはそう思えるような日がいくつかあって、神戸もまたその一つになったなと感じたのだった。だから年が明けても、僕は神戸へ帰るスケジュールを立てないつもりでいる。

そんなことを考えてから、ふと東北の小さな港町に思いを巡らせてみる。当事者でない僕に言えることなど何もない。けれども、あの人たちが過ごした苦難の日々もいつか風化すればいいなと僕は切に願うのだ。

みなさん、どうぞ良いお年を。

好きな子にラブレターを出すときって、そこに何を書くのかはもちろんのこと、便箋だってインクだって選ぶだろうし、手渡すのか、靴箱に入れるのかといった、どうやって渡すのが一番いいだろうかってことも考える。本気になるって、つまりそういうことなんだろうと思う。中身と外側は常につながっている。

岩合さんがイタリアで『世界ネコ歩き』の撮影をしていたら「おまえは何を撮ってるんだ？」と訊かれたので「ネコを撮ってる」と答えたら「イタリアまで来て、なにネコ撮ってるんだ。日本にネコはいないのか？」って言われた話、すごく好き。

堅物な人は、砂糖水で煮ると柔らかくなる。

若い人が過労で自死した件を聞いて胸が痛む。僕の現場に来る若い人も、すごくがんばっているように見えるから、そんなに根を詰めて働かなくてもすむようにしてあげたい。僕らおじさんは働いているように見えて、実は細かく手を抜く術を覚えているけど、若い人は本当にがんばっちゃうから。

たぶん一度しかネットにアクセスできないから言っておくけどクールジャパン関係者はアニメやゲームではなくシャワー付きトイレを全世界に広めることに注力してくれ。それこそがクールジャパンだから、たのむ！　あと湯舟も！

銀座から渋谷に向かったはずなのに、なぜかいま僕は浦安にいる。

とにかく上手いこと言っておけばいいとか、そのときだけ多くの人に広まればいいとか、本当はそう思ってないけど、よく思われるからそう言っておこうとか、そんな考えでつくられた広告を出している企業はやっぱり信用できないしいくら仕事だからとはいえ、そういう広告を平気でつくる人も信用できない。

佐渡島でトキを食べたことのある人がインタビューで「鶏っぽい味だったよ」って答えていた。

何かが終わるというのは、次の何かが始まるということ。終わった何かは体の奥に残滓のように留まり、次の何かの滋養へと変わる。そうやって僕たちは続いていく。

本気で思い込む者

明治の頃、新聞記者が羽織ゴロと呼ばれていたのは、羽織袴を着て口先では立派なことを言いながら、実際には単なるたかり屋だったからである。無論、記者のほうも己がたかり屋であることを充分に自覚していた。

人の不幸と私生活の覗き見を飯の種にしているのだから当たり前である。家々の軒先には「記者、押し売りお断り」と紙が張り出され、羽織ゴロは忌み嫌われた。

当時の多くの記者たちは内心忸怩たる思いを抱えながら碌でもない記事を書き、そうして新聞を売った。誰々には妾がいるぞと実名で書き、妾を持つ者の正義ではなく、持たない者の嫉妬心を煽りに煽れば新聞は飛ぶように売れた。人は他人の私生活を暴くことが大好きだからである。

完全に正しいことなど何処にも無いことは、ついぞ我が身を振り返れば自ずと明らかなことである。この世に清廉潔白などあり得ないと記者たちは知っていた。知っていながら正義を笠に着て記事を書いた。

だが昨今の記者たちはそれを知らない。自らを正義だと本気で思い込む者ばかりである。

長い時間をかけて、いろいろな生物を経由しながらつくられてきたプログラムが僕たちのDNAには刻まれている。だから、もっと自分の五感を信じていい。この二十年くらいで急激に起きた暮らしの変化に、あまり振り回されないほうが楽に生きられるように思う。

僕が諦めさえしなければ、この先もずっと七月は続くんだ。

モノクロって色情報が減ってシェイプと光だけがはっきりわかるから、そこにあるもの自体、そのものが見えてくる感じがある。映像撮影の現場でもモノクロのモニタやファインダを好んで使うカメラマンはけっこういる。色は僕たちを騙す。だからこそ色は重要だしポスターでも一瞬で伝わるのは、色だけ。

本当は「一億総活躍」より「一億総安心」なんだよなあ。安心して暮らせるベースがあるからこそ、活躍できる人たちが出て来られるわけで、全員を足元のグラつく崖っぷちに立たせ、さあ、みんな活躍しなきゃダメだというのは優しくないやり方だと思う。全員に跳べる力があるわけじゃない。

ルービックキューブの思い出

ああ、久しぶりに六面が全て同じ色のルービックキューブで遊びたいなあと、ふと思った。

三十代以下の人は知らないだろうけれども、ルービックキューブが登場したときには、ブームがあまりにも過熱しすぎて、本物が手に入らない僕たち小学生は、しかたなくルービックキューブのプラモデルを組み立てて、我慢していたものだった。

女子大生はルービックキューブのぬいぐるみを抱いて歩いたし、たしかルービックキューブ型のマンションまで建てられたんだよね。

襟巻きのついたルービックキューブが水槽の中で二足歩行する様子が自動車のCMに使われたり、アマゾンの奥地に生息する野生の巨大なルービックキューブを追いかけるドキュメンタリーが撮られたりして、僕もそういった番組を夢中で見ていたのを覚えている。

とにかくあのころルービックキューブは、もう、とんでもないブームだったんだ。車のリアガラスには、ぶらぶら揺れるルービックキューブが吸盤で貼り付けられていたし、大阪ではこっそりルービックキューブの唐揚げまで売られていたしね。あまり美味しくはなかったけれど。

本当にどこへ行っても手に入らなかったから、これはきっと政治家や経済人たちが買い占めているにちがいないなんていう陰謀論がスポーツ紙や週刊誌の見出しになり、人々の関心をさらに煽った。

そうして、やがて、ルービックハチブだとか、ルービックナナブみたいな偽物が大量に出回るようになって、ついにルービックキューブの人気は下がり始めることになるんだ。

じっと待つ時間

これはなかなか難しいことなのだけれども、何かとても酷い話を聞いて「なんと許しがたいことか」と感じたときに、すぐに行動したりその場で発言したりすることを僕は出来るだけ止めるようにしたいものだと考えていて、それは「これはとてもステキな話だなあ」と感じたときでも同じことで、とにかく少しだけ時間を置きたいと思っている。

もちろん、今まさに僕の目の前で明らかに暴力的なことが行われているときなんかには声を上げたいと思う。たぶん怖いから、こっそり警察に電話をするか、遠くから僕が言ったとはわからないように「やめろ」なんて声を出す程度の卑怯者ではあるけれど、いちおう何らかの行動はしたいと思う。

それじゃ伝聞に対してはどうするのか。特にネットを経由して伝わってくる話はどうするのか。どんな情報でもそれは誰かによって切り取られたものだから、僕はやっぱり時間を置きたいと思う。

しばらく待つ。しばらく考える。

衝動的に行動したくなる気持ちを押さえ込んで、じっと耐えたい。反射で動くほうが楽だし、大抵の場合直感は正しいことが多いのだけれども、それでも僕は待ちたい。

ＳＮＳが普及してから僕たちに届く第一報はとても早くなった。感情を揺さぶられるような話はあっという間に伝わるようになった。でも、何度も繰り返し同じ話題が届くから、まるで多くの情報に触れているように錯覚するものの、僕に届いている情報の量は実はとても少ない。殆どのことはわかっていない。それなのに僕はその少ない情報を基に動いてしまいそうになる。本当のことを知らないまま反射で動いてしまいそうになる。

急いで始めたことは案外長くは続かない。その行動が本当に必要なときには、もう気持ちが継続していないことも多い。だから僕はしばらく待ちたいと思う。あとになってわかることがあまりにも多過ぎるから。

そして、いろいろなことがわかったあと、そこで簡単に納得せず、あるいは溜飲を下げたりせず、そこからもう一度あらためて「なぜなのか？」を考え始めたいと思う。

ツカサトミユキっていう人が来ると思っていたら、ツカサとミユキの二人が現れたので、うっかり何かの召喚魔法を使ってしまったのかと思った。

デザイナーさんのPCが、またWindowsアップデートに攻撃されたっぽい。おそろしい。

焼き鳥を串から外して勝手にレモンをかけてもいいですか？　もちろんレモンをかけて食べるのは串の部分です。鳥はちゃんと残しますよ。

最近の国会のあれこれを見ていて確かに選挙のプロなのかも知れないけれど、政治のプロじゃないって感じの人がたくさんいるなあと思った。当選できることと、ちゃんと議論して立法できることってそもそも別の能力だよね。

コンビニにアイス買いに行ったらいつもこの時間帯にいる店員さんに「俺、唐揚げがめっちゃ好きなのに、いま医者に止められてるんすよ」って言われたんだけど、あの人は僕に何を求めているのだろうか。

大晦日は中止です。ことしは大晦日はありません。年越しも中止。年は越しません。

新しいことをやろうとすると「もしも何かあったらどうする」だとか「やろうと思えば、こういう悪用ができる」だとか、そんなことばっかり言う人がいて、それはそれで考えるべきことだとは思うけれども「とにかく始めてみよう」「まずは使ってみよう」「やりながら考えよう」のほうが楽しいから好き。

褒められると嬉しいけれど、最初から「褒められたい」と思って何かをやるのはやっぱりちょっと違うんだよね。褒められることを目標にしちゃいけない。もちろん、結果として褒められるのは嬉しいけれども。

人は運が九割。ただし、運はベクトルなので大きさと方向を持つ。方向はその時々で自然に与えられるが大きさは自分で決められる。より遠くまで行くには、あるいはその方向に進まないようにするには大きさをコントロールしなければならない。そして、そのためにはある程度の努力が必要になる。

語彙力のないラッパーってわりと好き。

きょう僕は、バールのようなものを手に入れた。

「偶然、現場にいたＮＨＫ職員が撮影した映像です」なぜこんなにも遭遇するのか。実はこれには秘密があった。事件や事故が発生すると、どこからともなく現れた黒スーツにサングラスの二人組が、その場に居合わせた人々に謎の機械を向けて不思議な光を放つ。

その光を受けると誰もが「あ、わ……私は……え……ＮＨＫ職員……ええ、そうです。私はＮＨＫ職員です」となるのだ。これが、どんな事件現場にもなぜか偶然ＮＨＫ職員が居合わせる真の理由なのである。

両論併記はつくり手の逃げと甘えだと思う。

柿ピーの中に入っているピー。あれは、柿の種が育ちすぎてピーになったんだってことを知らない人もけっこういるみたいだね。

たぶん僕はこの物語が書きたかった

最初にこれだけは言っておかなきゃならないと思っていることがある。『伴走者』は、僕が頭の中で想像して書いた物語、つまりフィクションだ。もちろん実際の競技や選手たちから大いにヒントをもらっているし、何人もの競技関係者や視覚障害者をモデルにして登場人物を造ってはいるけれども、あくまでもフィクションであって、いわゆる事実や実際にあった出来事を元にして書いたものじゃない。だから、どこか現実から離れて、ある種の理想を詰め込んでいるようなところがある。でもたぶん、それはフィクションだからこそ、できることなのだとも思っている。

放送局に勤めていたときに、たまたまパラリンピック放送を宣伝するCMをつくる担当になり、あれこれ企画を考える中で知ったのが伴走者という不思議な人たちの存在だった。そもそもアスリートの多くはエゴの塊だし、特にレジャーではなく競技スポーツをやっているのであれば、何よりも勝ちにこだわっているはずなのに、彼らはまるで他者の勝利のために日々のトレーニングを重ねているように見えた。

ところが、詳しく話を聞かせてもらううちに、彼らは他者のためだけに戦っているのではないことが次第に僕にもわかってきた。彼らが戦うのは、他者のためでもあるが自分自身のためでもある。そこには利己的であることと利他的であることとが共存している。それがおもしろいと思った。僕の理想とする他者との関わり方がそこにあるように感じた。

今からちょうど四年前、ソチパラリンピック放送の宣伝で僕は「伴走者になろう」というコピーを書き、アルペンスキーの伴走者が出演するCMをつくった。ゲレンデを滑降する伴走者の後ろ姿だけを映し続けたそのCMは、それなりに評価されたように思う。

それから数ヶ月経って、何か書いて欲しいと依頼されたときに「伴走者の物語を」と提案したのは、きっとそのあともずっと僕の心の中に伴走者という存在が残り続けていたからなのだろう。僕たちは他者とどのように関わればいいのか。人が人に手を差し伸べるとはどういうことなのか。信頼とは何なのか。さまざまな局面で僕の心に浮かぶ疑問に、彼らなら答えてくれるような気がした。

物語の芯はぼんやりと見えていたのだけれども、芯だけでは物語にならない。ＣＭをつくったときに多少の話は聞いてはいたものの、それではとても足りないので、とにかく取材をすることにした。

競技関係者のつてを辿り、ときには海外での試合も観戦した。会えることのできた伴走者たちからは、競技のことだけではなく、幼少時の話からサポートする選手の悪口に至るまで、聞けることはなんでも聞いた。マラソン編は競技人口も多いので、それなりに多くの人から話を聞くことができたのだけれども、スキー編は選手も伴走者も殆どいないので取材相手を見つけるのに苦労したし、主人公はあくまでも伴走者だけれども、やっぱり視覚障害者の取材も必要で、そちらでもなかなか苦労した。

けれども、誰の話を聞いてもその度に驚きがあり、僕自身に潜んでいる偏見や勘違いや独断や無知を思い知らされることになった。取材があまりにもおもしろくて、気がつくと二年ほど経っていた。そろそろリオパラリンピックが近づいているぞと脅され、あわててマラソン編を書いた。その後、また取材ばかりの二年が過ぎ、そろそろピョンチャンパラリンピックだぞと脅され、またまた慌ててスキー編を書いた。どうやら僕はいつも脅されてから慌てて書くらしい。

正直に言うと、自分が何を書いたのかまだはっきりとはわかっていない。それでも書いている途中では気づかないのに、書き終わってみて初めて自分でわかることもある。たぶん僕はこの物語が書きたかったのだ。人が人とともに生きる姿をじっくりと見つめたかったのだ。芯しかなかった物語を膨らましてくれたのは、取材に応じてくれた多くの人たちだ。彼らが僕の空想に大きな翼を与えてくれた。感謝しかない。

（初出　講談社『伴走者』特設サイト　二〇一八年二月）

塗り替える手伝い

昨日、女川の友だちが東京へ来たので、いっしょにご飯を食べた。五年前のあれこれをネタにして、バカ話で笑いすぎるほど笑った。思えばこの人たちは最初から笑っていた。泣きながら笑っていた。あれは強がりだったのかも知れない。それでも、その笑い声がみんなを前に進ませた。そんなことを思い出した。

昨日のバカ話をみんなに聞かせたいけれど、たぶん怒られるから言えない。あの町の人がみんなゲラゲラ笑いながら話していることが、なぜか外の人からは不謹慎だと言われて怒られる。不謹慎だと声高に叫ぶのはいつだって外の人だ。

その笑いの底に深い悲しみがあることくらい、もちろん僕にだってわかっている。でも彼らはそれを必死で笑いに塗り替えてきたのだ。だから僕も一緒になって笑いたいと思うし、これからもそうやって塗り替える手伝いができればと思う。

都会では一分間に六十秒が過ぎていく。だがそのとき遠く離れた南米の地では、一時間に三千六百秒もの時が流れているのであった。

あ、いま「都会では一分間に六十秒が過ぎていく」と書きましたが、もちろんそれは北半球に限っての話です。南半球だと逆になるし、赤道直下なら時は止まります。

南に行けば行くほど（あるいは北へ行けば行くほど）、時間の差は広がっていきます。南極まで行くと、最終的には六十分ごとに一時間経ちます。一時間で六十分が過ぎる北極とは正反対になるのです。

僕は病弱だけれど、ものすごくタフなので、うっかりスタッフに自分と同じようなレベルでの動きを強いていることがあるから、その辺はかなり気を使っている。ごはんを食べるとか寝るとかっていうあたりまえの時間を確保するだけなんだけど。

今日も１日の半分以上はヘラヘラしてた。明日もヘラヘラするぞ。真剣にヘラヘラするぞ。歯を食いしばってヘラヘラするぞ。

僕はどういうときに「なめられたくない」と思うかなとしばらく考えていたけど、どうやら僕は「なめられたい」という方向に気持ちが向きがちだと気づいた。「なめられたくない」から「なめられたい」のだ。

映画って「みんなで観るショー」の要素があったし、画面に向かって「よ、待ってました」って声をかける人もいて、そういうのも含めたエンタメだった。

僕はルールは正しく守られるべきと願う者だけれども、不正に対して厳しく臨むことと、とことん追い詰めて潰してやれというのは、まるで違うメンタリティだと思うし、そういう暴力的な声を少なからず目にするから怖いと思うわけで、だからこそ僕たちは止まれないのかも知れないと不安になる。

どんな境界線も、少しぼんやりしているくらいがいいと思うんだ。

クラウドファンディングで一人乗りの小型飛行機の開発を支援しましたが「かっこいいロゴをつくったよ、そして、そのロゴでTシャツと帽子をつくったよ」というメール以外何も届きませんでした。

またまた雑文転載

自分の感受性くらい

復旧するのではなく、復興するのでもなく、忘れがたい非日常は、時間とともに日常の中に溶け込み、やがてすべてを包みこんだ新しい日常への一歩へと変わっていく。それは一つずつ幸福の手触りを確かめながら進んでいく継続の力。どれほどの悪意が煽り立てようとも、その手触りを奪うことなどできない。

自分が何を知っていて何を知らないのかをわかった上で、ちゃんと知ろうとすればば知識は日々アップデートできる。必要以上に煽り立てようとする人を見るたびに、僕は茨木のり子の『自分の感受性くらい』を思い出す。

二つの感覚

莫大な情報やつくり手の想いや背景を、わずかひとことに凝縮する作業はスポーツに近い気がする。自分の考えや想いを、叩いて叩いて薄く伸ばして広げて少しずつ張り合わせていく作業はどこか金細工に似ている。

どちらも好きだけれど、なんだか使っている脳が違うみたいで、ドラムを叩いたあとにピアノを弾くとタイミングが微妙に早くなってしまうように、これ、なかなか瞬時には切り替えられない。とりあえず、お茶を飲もう。

家に帰るとねこがいる

家に帰るとねこがいる。出迎えてくれるわけじゃないし、声をかけても無視されるし、触ろうとすれば逃げてしまうことだってある。それでも家に帰るとねこがいる。このねこと僕は一緒に生きている。それだけで僕は充分に嬉しいのだ。

アボガドロ定数

コップ一杯の水を海に流してかき混ぜたあと、同じコップで海の水をすくうと、確率的には元の水の分子のいくつかはコップに含まれている。人の死について考えるとき、なぜか僕はいつもアボガドロ定数が頭に浮かぶ。それがどうつながっているのかはわからないけれど、それでもなぜかその膨大な数を思う。

そんなん、知らんがな

今ネット上では、そろそろスマホやめるだのやめないだのという話題で盛り上がっている。そう言う人の考えもわかるけど、そんなの自分で決めればいいことだから僕にはどうでもいい話だし、そう言った人の意見に対して新聞がいちいち記事にして、みんなしてネットであれこれ騒ぐのは、もっとどうでもいい。それこそ「そんなん、知らんがな」って言えば済む話。僕たちは、どうでもいいことや他人のことばかりに時間を使っている。

PKO

かつてPKOの議論が盛んだったこのとき、僕は「何だかお祭りだぞ。おもしろそうだぞ」って、友達と一緒に国会の前で座り込みをして、飲めない酒を飲んでベロベロに酔っ払ってたんです。

そうしたら、国会の警備の人だったか機動隊の人だったかに怒られたんですよ。

「あっちの人たちはちゃんと抗議活動しているのに、君たちはこんなところでただ酔っ払っているだけで、恥ずかしくないのか」

「いや僕たち、抗議とか政治とかそういうのよくわからないですから」

「情けない。せめてもう少しちゃんと勉強しなさい」

いやあ、いい人だったなあ。

ほんの少しの違いで

場所や時代や選択がほんの少し違っているだけで、今とはまるで違う暮らしをしていたのだろうと考えると、ありがたいという思いと、どこか切ない思いとが混ざって、とても複雑な気持ちになる。

あと、寝ている間にも心臓がちゃんと止まらず動いていることが不思議でたまらなくなることが、ときどきある。

溶け込みたいって気分

「記憶に残りたい」と「ほめられたい」のほかに何かあるような気がして、ずっと考えていたんだけど、僕の中には「溶け込みたい」っていう気持ちが、確かにあるように思う。

ほめられるのと溶け込むのって、ほかの人に受け入れられるという意味では、とてもよく似たことなんだけど、僕の感覚ではどこかちょっとだけ違っていて、むしろ、ほめられないように気をつけながら溶け込みたいって気分のほうが強いかも知れない。

台湾のお正月

どの店も閉まり、街には誰もいない。だけど、僕が子供のころって日本のお正月もこうだったように思う。いつのまにか僕たちは、お正月をお正月として過ごすことさえやめてしまったんだな。

僕は、一億総活躍社会なんかよりも一億総安心社会のほうがいい。「がんばれ」という言葉には、どこか暴力的な気配が含まれているから、その自覚なしには使えないし、あまり安易に使われたくもない。

旧正月を迎えて空っぽになった台湾の街なかで、僕は人生において何を優先しているのだろうとか、のんびり生きるってどういうことなのだろうとか、この宇宙を流れている時間は無限だけれども、僕たちそれぞれの持ち時間は有限なのだよなあなどと、ぼんやり考えております。

白雪姫

キスをしたら喉に詰まっていたリンゴのかけらを吐き出して息を吹き返したってことは、毒リンゴの毒は効いていなかったんじゃないですかね。とにかく白雪姫はこれからはよく噛んで食べるように。

そもそも王妃はもっと緻密に計画を練るべきだったし、イノシシのレバーを食べて喜んでる場合じゃなかったね。あと、魔法使いは、たとえ毒リンゴでもちゃんと代金はとるべきでしょう。安売りするとあとで苦労するから。

それと王子は寝ている女性に勝手にキスしないこと。それは犯罪です。

話は変わるが、シンデレラはどうして靴だけ魔法が解けなかったのか。あとから見つけられるようにわざと残したんじゃないのか。そのへんちょっとモヤモヤしている。

半チャーハン

尊敬する人は誰ですかと聞かれたので「半チャーハンを発見した人」と答えたら、微妙な空気が流れた。それでも、半チャーハンを発見した人と、締め切りを発見した人はすごいなあと思う。

投票

いよいよ明日は投票日。つまりユポ紙に鉛筆で文字が書ける日。木材パルプを一切使わない樹脂製の紙に文字が書けるなんてめったにないのだから、書き味をじっくり味わいたい。この書き味、十八歳未満の子供にはまだ早すぎるのさ。

十八歳で初めて選挙に行く人にこっそり教えておくけれど、投票したあと、すぐに投票所から外に出ないで、投票所の奥のカーテンをめくって先へ進むと、投票ボーイズ&投票ガールズってのが柔らかなソファで待っていて、めくるめく世界を体験させてくれるから覚えておくといいよ。ただし、それには投票済み証がいる。

ちなみに、僕は二十歳で初めて投票した。投票に行く前に、先輩が「ちゃんと糊とホッチキスを忘れずに持って行けよ。最後のほうはいつも足りなくなるから」と親切なアドバイスをしてくれたおかげで、いったいこれはどこで使うのだろうかと投票所でものすごく混乱した。みんなも忘れずに持って行こう。あと、小さい馬棟はけっこう役に立ちます。

トイレにて

いわゆる人の動きを感知しなくなると電気が消えるタイプのトイレへの対応について、チューチュートレインの人と、腕をふり回す人と、上半身だけが阿波踊りの人と、パーフェクトヒューマンっぽく首を動かす人と、ライトプリーズと叫ぶ人がいることなどが、二六日までに当局などの調べでわかりました。

みなさんも、人の動きを感知しなくなると電気が消えるタイプのトイレでは、エグザイルのような動きをしているのでしょうか？

田村正和

ルノアールのトイレで、鏡に向かって「こんばんは、田村正和です」って言ってみたら、個室からブハッと噴き出す声が聞こえたので慌てて逃げた。

唐揚げ

唐揚げ弁当を注文するとき、僕の頭の中に白身魚やタコは浮かんでおりません。唐揚げ弁当を頼んで、もしもタコの唐揚げが入っていたら驚きます。タコは好きですが、かなり驚きます。このことからわかるように唐揚げのデフォルトは鶏なのです。とりからなのであります。こちらからは以上です。

癖のようなもの

同じところへ行って同じような体験をしているのに、人によって感想がまるで違うという経験を何度かしている。

人は自分が見ようとするものしか見えない。どうやってそこにあるものをそのまま受け取るか。いかに思い込みのフィルターを外すか。そういうのって言ってみれば癖みたいなもので、自分にはどういう癖があるのかが解ると、いろいろな発見があっておもしろいのだが、その癖から逃れるのはなかなか難しい。

実在していたとしたら

『白血病との闘病を続けている病床から野球部の応援をしていたが、夢叶わずに亡くなった元高校野球部マネージャー』が、実は架空の人物だったというニュース。

少し複雑なタイトルだけれども、つまりまあそういうことだ。

騙しただとか善意を利用しただとか新聞社の取材が甘かっただとか、みんないろいろ思うところはあるだろうけれども、そういう辛い思いを抱えて生きている人が、少なくとも一人はいなかったわけで、それはそれで良かったじゃないかと僕は思っている。この子が実在していたとしたら、それは、やっぱりとても切ないことだから。

僕はときどき病院に行く。いつもたくさんの人たちが病床で闘っているのを見る。あそこにいる全員が架空の存在だったらどんなに救われるだろうと思う。

でも現実はそうじゃない。あの中には本当に野球部の応援をしている元マネージャーだっているかも知れない。

今も辛い思いをしている人たちが、少しでも回復に向かうことを願っている。

安全確保の手法は常にアップデートされているけど過去にとどまっている人はそれを知らないし、知ろうともしない。そして「知らない」は不要な怯えを生み、怯えを商売にする人たちに利用される。

よくある読書感想文。「僕はこの本を読んで、いろいろなことを考えました。」

レーシックをやった人の話を聞けば聞くほど怖くて僕には無理だと思う。目薬も自分で注せないのにそんなの出来るはずがない。スリッパか何かでパーンッて頭を叩いて、意識が朦朧としている間にやってくれたらいいのにな。

ようやく決めました。僕の来年の干支はウニです。ウニを来年の干支にします。

コンタクトレンズをつけて試合に出る選手には違和感を覚えないのに、義足や義手だと何か違うもののように感じるのだとしたら、それは、そういう選手があまりいないという、単なる人数の差でしかないんだよね。きっと、いろんなことが数の裏に隠れている。

それも悪くない

この先、人工知能だかＡＩだかがどんどん進化すると、僕たちが今やっている単純な作業はすべてコンピュータがやるようになってしまうから、僕らの仕事はなくなるかも知れないのだよという話を聞いて、僕はそれはなんとありがたいことだろうかと思ったのだった。働かずにすむのならそんなに嬉しいことはない。そうなれば、もうずっと本を読んで海外ドラマを観るだけの日々を送れるじゃないか。

もっとも本音を言えば、僕としてはその逆でも構わない。人工知能が難しいこと、つまり僕のスケジュールだとか、請求書をいつ出せばいいかだとか、約束の時間に間に合うには何時ごろに家を出るべきだとか、昼にうどんを食べたのだから夜もうどんにするのはやめたほうがいいだとか、まあそういった僕の苦手なことを考えてくれて、僕は人工知能に指示されるとおりに動くということでもいい。

ほら請求書を早く出しなさいと人工知能から言われて、人工知能なんだからそれくらいお前にだって出来るだろうし、電子データでパパッとやり取りすれば良いじゃないか、どうして呑気にコンピュータ同士でチェスなんかやってるんだよ、お前サボリーマンかよもっと働けよとブツブツ文句を言いながら、せっせと紙の請求書にハンコを捺すのも、僕としては案外悪くない気がする。

時計を見ると、なぜかいつもゾロ目。たぶんこれ、何かの法則。

取っ払い（その場での現金払い）でしか演奏してくれないベーシストは、その日のギャラはその日のうちに飲んでしまうので、ギャラをもらうとすぐに翌日の現場に行くための交通費ぶんだけを靴下に入れていた。

大企業の醍醐味は派閥争い。小さな会社だと小競り合いくらいしかできないから、いま大きな企業にいる若い人は仕事なんかしている場合じゃない。せっかくなら、ガンガン派閥争いをしなきゃもったいない。ライバル蹴落としたり、敵側の役員を罠にはめたり。

就活中のひとは、どれくらい激しい派閥争いをしたいかどうかで就社の希望先を考えるといい。知らんけど。

文字そのものが、すでにある種の絵画のように意味を含んでしまっているから、漢字を使う言語ってたぶん論理思考には向かないんじゃないかと思っていたんだけど、中国人って論理的なんだよなあ。

どこかファッションのように

前から気になっていたことがあって、とはいえ、それはわざわざ僕が公の場に書くことじゃないよなあという思いもあったので、心の隅っこにこっそり隠すようにして置いていたのだけれども、やっぱり自分の考えはちゃんと書き残しておいた方が良いなと思い直した。何かというと大人の発達障害についての話だ。

最近、自分は注意欠如・多動症（ＡＤＨＤ）なんですよとか、あの人はたぶん多動症だよね、なんて会話を耳にすることがたびたびあって、そのことが僕はとても気になっていた。これはもう僕の周囲に限っての話だし、もちろん僕の勘違いなのかもしれないけれども、どうもそういった発言をするのは、いわゆるクリエイティブと呼ばれるタイプの仕事をしている人に多いような気がしていて、しかも、まるで発達障害であることは、その人のクリエイティブ能力の一環であり、どちらかといえば取り柄であるかのような言い方をしているように聞こえるのだ。なんだか発達障害であることを、どこか自慢げに口にしているような印象を受けるのだ。

でも、実際に発達障害に苦しみ生きづらさを感じている人は、あるいは発達障害のお子さんを育てながら、将来の不安を感じている人たちは、とてもそんなふうには言わないだろうし、そして当事者たちの苦労を多少なりとも知っていたら、やっぱりそういう言い方はできないんじゃないだろうかと僕は思う。

こう言うと怒られそうだけれども、単なる個人の性格や性癖でしかないのに、どこかファッションのように発達障害という記号をまとおうとする態度を見ると、僕はとても悲しく腹立たしい気持ちになるし、そうした言葉を見聞きした当事者たちはどんな思いをするだろうかと胸が痛くなる。

だから診断されたわけでもないのに、自分のことを発達障害なんですよと自慢げに言うような人、あの人はたぶん発達障害でしょうね、なんて気軽に言う人たちとは、あまりつきあいたくないなと僕は本気で考えるようになりつつあるのです。

数字が僕を惑わせる

ブログやＳＮＳといった個人が気軽にインターネットに向けて発信できるツールが広がってから、もうずいぶんな時間が経つし、今ではこれが日常の一部になっているという人も多いと思う。

これは、僕がこの手のサービスについてずっと以前から思っていることなのだけれども、ユーザーの設定しだいで、数字を表示しないようにはできないものだろうか。数字というのは、つまりフォロワー数だとかアクセス数だとか、そういった類の数字のことで、なんとなく僕はそういう数字が常に表示されていることが、ある種のめんどうくさいトラブルの原因になっているんじゃないかという気がしてならないのだ。

僕はかつて企業の公式アカウントを運営していたことがあるせいで「どうすれば

フォロワー数を増やせますか？」「どうすればアクセス数が伸びますか？」という質問をされることがある。もちろんセオリーのようなものはあるだろうし、役に立つかはさておき僕のやっていた方法を教えることもできる。でも、そんなことよりも数字を気にしないほうがずっと健全にものが言えるように思う。

数字は人を惑わせる。数字を見せられると僕たちはなぜかより多くの数を求めてしまう。数が多いことがまるで正しいことのような気がしてしまう。

もちろん運営者は、どうすればユーザーがもっともっとそのサービスを利用してくれるかを考えに考えた結果、きっと数字を表示すれば満足度や射幸心を煽れるという確信を得ているのだろうから、表示できないようにはしないだろうけれども、せめて使う側の僕たちはそういった数字に惑わされないようにできないかなあ。

育ったり大きくなったり

▼ラグビーボール

秩父宮ラグビー場にはいくつかの出店があって、小さなラグビーボールを記念に買うことができる。

意外に知られていないが、このボールが育つと本物のラグビーボールになる。ラグビー部の新入生は、いかにボールを育てるかが重要な仕事だし、公式球にまで育て上げることができれば、かなり褒められる。

ちなみに、僕が新入部員の頃に育てたラグビーボールたちは、どれもこれもまんまるに育ってしまって、楕円球としてはまるで役に立たなかったので、こっそりサッカー部にあげていた。たぶん餌と温度が悪かったのだと思う。

▼海ぶどう

海ぶどうが好きな人って、わりといるよね。だけど僕は半年ほど待って、ちゃんとしたイクラに育ってから食べるほうが好きだな。ナマコになるまで待つのはけっこうたいへんだけど、それも悪くない。

▼熟語

漢字二文字の単語を急いで書こうとして、うっかり一文字目の偏と二文字目の旁を混ぜて一字の漢字にしてしまうことは誰にでもよくあります。この偏と旁が雄と雌だった場合には、数日後に小さな漢字が生まれて、最終的にちゃんと二文字の単語になるので安心して構いません。

▼天然物の原稿

原稿には天然物と養殖物がありますが、途中まで天然で育ったあと飼育される原稿や、当初は養殖だったものが野に放たれて野生化する原稿もあるので、パッと見ただけでは区別がつきません。

なお、原稿を扱う場合には、周囲に潜む〆切りに充分な注意が必要です。〆切りは気を抜くとすぐに襲って来ます。

▼鯛焼き

わりとまじめに書くと、鯛焼き業界では、一丁型（1匹ずつわかれたタイプの金型）で焼く鯛焼きを「天然物」一枚の鉄板にたくさん型が抜かれていて、生地を流し込んでまとめて焼く鯛焼きを「養殖物」と呼んでいるのです。

▼教育と世代

ふとり教育。
ふとり世代。
なとり教育。
なとり世代。

▼寝太郎

大きくなったら三年寝太郎になりたい。

▼パン飼育

メロンパンは産卵しますから卵生ですね。ちなみに同じ甲殻パン類でも、フランスパンは胎生ですし、軟体パン類の多くも胎生です。

あと、専門外ですが、たしか調理パン類は卵生が多かったと思います。

そのあたりの差を楽しむのもパン飼育の醍醐味です。

▼スノーブーツ

スノーブーツを履くとしても、最初から成ブーツにするべきか、仔ブーツを手に入れて育てるかは悩みどころ。

気の荒い雌の成ブーツはすぐに噛みつくし、うっかり逃がしてしまって野良ブーツになったら色々と迷惑をかけちゃう。

だからといって、仔ブーツの飼育は難しい。特に東京では餌が手に入りづらい。

▼白鵬

ねこは一日のうち四時間しか起きていない。同じように白鵬は一日に十六時間寝ると聞いている。

できれば、大きなねこに育って欲しい。

▼隠れ家的なカフェ

隠れ家的なカフェがありそうな道に入るときには充分な注意が必要だ。

隠れ家的なカフェは、人気の少ない裏通りの脇にじっと潜み、うっかり近づいた人間をひと息に取り込んでしまう。

万が一、隠れ家的なカフェに遭遇してしまったときには、日光を浴びせると良い。たいていは激しい鳴き声をあげて逃げる。

▼ノーベル

大きくなったらスウェーデン人になって、ノーベルと名乗りたい。

▼二大陣営

十九世紀に端を発する産業構造の急激な変化は、やがて人類史上初めての世界大戦という荒波を乗り越え、二十世紀から二十一世紀にかけてのIT革命を経たのち、人類を大きく二つの陣営に分けることになった。

お寿司が好きな者たちと、お寿司がもっと好きな者たちである。

▼大きな主語

主語は小さい方が良いという。「僕は、私は」には真実がある。「男は、女は、日本人は、人間は」と主語が大きくなればなるほど、その言説は曖昧になり輪郭と信用を失う。だが、さらに主語を大きくして「地球生命ガイアは、全宇宙統一意思ユリエラーンは」まで広げれば逆に妙な凄みが出てくるのである。

▼そうめん

そろそろ、去年の今ごろ川に流したそうめんたちが、大きくなって戻って来る季節。産卵を間近に控えた雌のそうめんは気が荒くなっているので、場合によっては鋭い牙で噛まれることもあります。

うかつに手を出さないよう気をつけましょう。

▼七面鳥

僕の育った家のすぐ近くには森があった。毎年、感謝祭が来るといちばん大きな七面鳥の木から、新鮮な七面鳥の丸焼きをもぎ取って来るのが子供の役目になっていて、もぎ取るときに七面鳥の丸焼きが少し暴れるのが僕は苦手だった。

もぎ取ってしまえば七面鳥の丸焼きはすぐにおとなしくなるのだけれども、それでもやっぱり苦手だった。

食べ終わった七面鳥の丸焼きの種を何気なく庭に撒いたらすぐに芽が出て、このぶんなら三、四年もすれば七面鳥の丸焼きが実ると祖父は喜んでいたのだが、まだ芽が大きく育たないうちに犬が食べてしまったので、結局、庭で七面鳥の丸焼きを育てる計画は失敗したし、祖父はそのうちすべてを忘れてしまったのだった。

▼将来の夢

大きくなったら、でたらめな人になりたい。

▼成長痛

中学から高校にかけて、毎日体が大きくなって、とても痛かった。成長痛ってやつだ。大人になった今でも、頭と心の成長痛はずっと続いている気がする。

▼ほぼさん

まもなく保育士になる女性は、ほぼ保母さん。

▼メル・ギブソン

　さて、ここで問題。正解は何でしょうか？

　正解した人の中から抽選で十名様にメル・ギブソンをプレゼント！

　しかも雌ですよ！　珍しいメル・ギブソンの雌！

　このようにメル・ギブソンの母親は、幼虫を背中に乗せたまま餌を探します。

　どうやら餌がみつかったようです。背中から降りてきたメル・ギブソンの幼虫たちも、ほら、餌に夢中です。

　幼虫たちは母親の背の上で餌の取り方を覚えながら、半年ほどかけて、少しずつメル・ギブソンの成虫になっていきます。

▼野菜ジュース

　今ごろの季節になると、朝の早い時間に街のあちらこちらから、キュキューンという鳴き声が聞こえてきます。

　これは野菜ジュースの鳴き声です。

　野菜ジュースはストローを刺されると体をくねらせながら鳴きますが、けっして痛がっているわけではなく、むしろ喜んでいるという研究結果が報告されています。

▼Tシャツ

　わが家のTシャツは、もはや絶滅危惧種になりつつある。一時期はあんなに繁殖していたのに。

▼辛子明太子

　辛子明太子の主食は辛子。

▼しめ縄

　きっと今ごろ日本では、しめ縄農家のみなさんが、正月に向けて休む間も無くしめ縄を収穫しているのだろう。

　最近では生活習慣がすっかり変わって、採れたての生のしめ縄ではなく、人工のしめ縄を飾る家庭もずいぶん増えているとは聞くが、やはりしめ縄は新鮮な生のものが一番だと思う。

ジョン

どうしても自分とは関係がないようにしか思えなくて、授業中、隆文は教科書の陰に隠すようにして本を読んでいることが多かった。

隆文の通っていた高校はちょっとした高台にあって、窓の外に目をやると白い砂埃の立つグラウンドの向こう側には海が広がっていたが、その光景でさえ退屈に感じる毎日の繰り返しだった。

ふいに自分の名前を呼ばれていることに気づいて隆文は顔を上げた。どうやら何度も呼ばれていたらしい。教壇の前で英語教師がこちらを見ていた。

どこからどう見ても普通の日本のお爺さんなのに、なぜかその英語教師は生徒たちからジョンと呼ばれていた。

ジョンは難しい顔を見せながら隆文の席へ近づいた。隆文は読んでいた本を見つからないようにそっと机の中へしまい込み、黙ったまま立ち上がった。ジョンは教科書を丸めて手に持っている。あれで頭を叩かれるのだ。隆文はいつものように静かに顔を伏せた。

「何を読んでいたんだ?」ジョンが聞いた。

うまく隠しているつもりだったのに、どうやらバレていたらしい。

隆文は机の中から文庫本を取り出し、こちらへ伸ばされたジョンの手に乗せた。とっくにカバーもとれて、角の擦り切れた古本。アーウィン・ショウの『夏の日の声』。自分のやりたいことも、これからどうしていいかもわからない隆文の気持ちを、この本は救ってくれるような気がしていた。

「そうか」ジョンはしばらく見つめたあと、ひと言そう言って隆文に本を返し、そのまま教壇へ戻っていった。

なぜか叩かれずに済んだ。拍子抜けした隆文は、そのあといつになく真面目に授業を聞いた。終業のベルが鳴るまで、本を開くことはなかった。

やがてグラウンドから、体育の授業を終えた生徒たちの声が聞こえてきた。

隆文はふとジョンの声を思い出した。

「ショウか」ジョンはそう言ったのだ。

開かれた窓から夏の匂いがした。隆文はボロボロの文庫本をカバンに入れて、ゆっくり教室を出ていった。

他人と長い時間いっしょにいるのは辛いんだけど、ずっと一人ぼっちっていうのも寂しくて、わりと理想的なのは「にぎやかな一人ぼっち」。そこそこ知り合いもいてそれなりに賑やかなところにいながら、でも、誰も話しかけてこないし、誰も僕のことを気にしていないって状態。

みんな、僕のことには構わず来年に行ってくれ！　僕はこのままここで今年を守る！　さあ、僕が今年を守っているうちに、早く来年に行くんだ！　（と、親指を立てながら、何かドロドロとしたものに沈んでいく……）

ヨーロッパの都市部ほどじゃないけれども、ニューヨークも夜はけっこう暗い。もともと夜は暗いものなのだから、無理に明るくしようとしなくてもいい。無理な夜。不自然な夜。その無理は、たぶん考え方や暮らし方の無理につながるんじゃないかな。

「ああ、肩こりがひどいから鍼を打ちたい」って呟いてから正確には「ああ、肩こりがひどいから鍼を打たれたいな」だと気づいた。僕は打たない。打たれるだけ。

僕ら方向音痴族は嗅覚だけで道を選ぶ。そしてその嗅覚は百パーセント間違っているので、あえて反対を選ぶと今度はそっちが間違っているのだ。

１を０にする仕事（現場大混乱）

誰かが言ったことの受け売りなのに、まるで僕が自分で考えたことのように思い込んでいることがある。「それは本当にお前が自分で考えたことなのか？　本当にお前自身の意見なのか？」と問われると、僕はいつも自信がなくなる。僕の頭の中には、他人の考えばかりがずっと居座っている。

祖父の口癖は「そんなもん、知らんがな」だった。たいていのことは「知らんがな」で乗り切っていた。最近になって、僕もようやく「知らんがな」のすごさというか本当の意味がわかってきた。そういえば母もだいたい「知らんわ」で片づけている。

住基カードとかマイナンバーとかもわかるんだけど、それよりも障害者手帳を早くICカード化すればいいのにと思っている。

炊飯器

一番先頭の座席には炊飯器が置かれていた。なぜあんなところに炊飯器があるのか。これ、このままやり過ごすべきなの？　否でしょ！

その電車の乗客はオレ一人である。空っぽの車両。誰もいないシートにぽつんと置かれた炊飯器。しかも、こともあろうに中途半端なピンク色。いったいなんなんだこれは！

いやちょっと待て。もしかするとわざと置かれたのかも知れない。オレは緊張した。これって何かバクハツ的な仕掛けじゃないのか。炊飯器といえば気密性である。電熱線である。タイマーである。炊きたてアツアツのごはんの旨味をしっかりと保つのである。バクダンにはあまり詳しくないが、かなりバクダン的要素を満たしているのではないか。これはたいへんなことですよ。運転士よ気づいているか、オレは怖くて近づけないぞ。とにかく逃げよう。次の駅に着いたのでオレはすぐに電車から降りようとした。ところが一人のおばあさんが乗りこんで来たのだ。

いやおばあさん、この電車は危ないから乗っちゃダメっす。なぜって、炊飯器が置いてあるんです。

ガタンという音が聞こえて窓の外の景色が動き始めた。あ、オレ、おばあさんに気を取られて降り損なったぞ、おい！

おばあさんはすぐ炊飯器に気づいた。オレを見て「炊飯器だね」と言うからオレも「炊飯器です」と答える。なんだよこの会話。

するとおばあさんはいきなり前の方へ歩き始めたのである。うわ待ってよおばあさん！　そっち危ないから！　本当に危ないから！

だいたい昔からおばあさんというのは怖いもの知らずなのだ。おじいさんではこうはいかない。いや、こんなこと言ってる場合じゃないんだけど、もう恐怖で声が出ないのだ。

おばあさんは炊飯器に近づくと、おもむろに取っ手をつかんでそのままふたを開けた。いやあああ。こら！　バアさん自重しろ！

特にバクハツ的なことは何も起こらなかった。おばあさんは戻って来るとオレにそっと秘密を打ち明けてくれた。「ごはん、入っとる」いやもう意味がわかりません。そして「ありゃ忘れもんだわ」そう言い切ると、まるで何ごとも無かったかのように席に座ったのである。かなりの強者であった。

実はこの話にオチはない。オレは途中で電車を降りてしまったので、炊飯器とごはんがそのあとどうなったのかを知らないのだ。

だが、オレも一つだけ決めたことがある。もし、いつかどこかの街中でぽつんと置き去りになっている炊飯器を見かけたら、必要以上に怖がらず思い切って開けてみるのだ。

（初出　新潮社『ｙｏｍｙｏｍ』二〇一三年・春号）

そこで、僕の故郷セッツィアですよ。セッツィアはヒョーゴスラビアのコウベキスタンに属しています。もちろん首都はコーベグラードです。

頭にメガネなんて載っていないのに「メガネ、メガネ」と言いながら、頭の上のメガネを探すという新しい芸風を披露してしまった。なんで頭の上にメガネがあると思ったのか……。

そんなことより、僕が少年アイドルだったころ、ホットパンツを履いてローラースケートすべるの、内心ではすごく恥ずかしかったって話はしましたっけ？

ちなみに僕の（まだ組んでないけど、そのうち組みたいと思っている）バンドの名前は「オマージュ&インスパイア」です。カバーとリミックスしかやりません。

ゲーム会社に入った初日の帰りに買ったのが、たしか「はじめてのC言語」っていう本で、テレビ局に初出勤した帰りに買ったのが「テレビ制作入門」って本だった。わりと入門書に頼るんだ、僕。

本当に声を上げなきゃいけないタイミングが来たときに、たぶん僕は声を上げない。きっと怖くて声を上げられない。何もないときには、まわりの人にいろいろと偉そうなことを言っていても、所詮はその程度の臆病者だと知っているから嫌になる。

出かけたくなくて、必要もない用事をいろいろ見つけてグズグズしている。小学生のときからずっと変わらない。

好色占拠法。

ものごとの殆どは、どうでもいいことばかりだと思っていれば、けっこうヘラヘラしていられるし、ヘラヘラするためには努力を惜しまない。

最近、人工知能の話題でよく見聞きするディープラーニングって、あれだよね、有名人がやってるやつ。英語がペラペラになるやつ。

それにしてもすごい雨だ。打ち合わせの前に、ちょっと多摩川の様子でも見に行くとするか。

最後の読書

交通事故で命を失いそうになったことがある。そのまま向こう側へ逝っていれば、その前日か前々日あたりに読んだものが、僕の最後の読書になったわけだ。何を読んでいたのかは覚えていないけれども、たとえ何を読んでいたにしても、なぜ僕はこれを最後にしたのかと後悔したように思う。

最後の読書だとわかって読まれる言葉はそれほど多くはない。いつだって、ふいに訪れる運命が僕たちの最後の読書を決めるのだ。たった今読んだものが最後になることもあるのだから、すべての読書は、それぞれの瞬間には最後の読書だといえるのかもしれない。

たいていの人生は思い通りにはいかない。気まぐれな人生は予想とはかけ離れたところへ僕たちを連れて行くし、ようやくどこかへ到着したからといって、そこにずっと留まっていられるわけでもない。どれほど周到に未来を計画しても、人生はそれを易々と更新していく。そして、なぜ、いつ、どのようになるのかは誰にもわからない。

一遍の小説との出会いが人生を変えたと聞くことがある。今のところ僕にとっては『エビくん』という短編がそれにあたりそうだ。作者は僕。そう。読むだけではなく書くことで人生が変わることだってあるのだ。

勤めていた放送局でのあれこれを綴ったエッセイ本を出してはいたものの、小説など書いたこともなければ書くつもりもなかった僕に、とある文芸誌の編集者が声をかけてきた。聞けば小説を書いたことのない者に書かせる企画だという。

これに『エビくん』を書いたあと、僕はきっと自分がこの先も何かを書くことになるのだろうと予感した。

子供のころから読書は好きだったし、ずいぶんといろいろな本を読んできたとは思う。それでも自分が何かを書くとは想像もしていなかったのだから、やっぱり人生は予想を超えてくる。

あの事故の日に、最後の読書をすることなく戻って来た僕は、こうしてなぜか言葉を書くことを生業とするようになった。

自分の書いた言葉が、誰かにとっての最後の読書になることもあるだろう。その誰かに、これが最後でよかったと思われるものを書けるといいなと思う。

そういうものが書けたとき、気まぐれな人生がなぜ僕をここへ連れて来たのかが、ようやくわかるのかもしれない。


（初出　『週刊朝日』二〇一七年八月十一日号）

何かを企画するときには、それで得をしたり、楽しんだり、喜んだりするのは誰なのかをちゃんと考えないとね。

韓国のスタッフが「僕はすごく猫舌で、辛いものが苦手だから韓国の鍋料理がダメなんです」って言ってて、間が悪い生まれ方をする人っているんだなあと思ってたら「でも女の子はぜんぜんダメじゃないです」って聞いてもない無関係なことを答え始めたから、間が悪いのは生まれ方だけじゃないなと思った。

考えに行き詰まったときには、手を動かして無心であれこれ描いてみるか、ぶらぶらのんびり散歩をするか、明かりを消した暗いお風呂に入るのがいい。

なんとかぜんぶ終わってホッとひと息ついているタイミングで、ふいに後ろから現れたプロデューサーに缶コーヒーをひょいと渡され「かもちゃんさ、実はちょっと相談なんだけど」と切り出されたなら、殆どの場合、制作費が嵩んでしまって僕のギャラはぜんぜん無いという話になることを僕は知っている。

原稿はいつごろになりそうですか？　という確認のメールが届いて僕は１つ、気づいたことがありました。「忘れてた！」

「よし、あの電車に乗ろう」って言うと「非電化線で運行される車両はディーゼルカーか気動車だから、あれは電車じゃない」って教えてくれる人がよくいてそういうとき「なるほど、お詳しいんですね」って笑顔で答えているけど、僕が心の中で本当に思っていることは「どうでもいい」です。

いまロンドンにいるんだけど、昨日、日本の動物園が子猿にシャーロットって名前をつけようとしたら抗議が来たので、困って大使館に聞いたらＯＫだったっていうめちゃくちゃインチキ臭いニュースをテレビでやってて、パブでみんな大爆笑。そのへんのグラスとか椅子とかにシャーロットって名前つけてた。

「おれ岩合だよ」って言えば、たいていの猫は近寄ってくるし「おれ土井だよ」って言えば、たいていの料理は上手くつくれるし、「おれレミだよ」って言えば、たいていのブロッコリーは立つ。

同時に開く本

どこまでが本当なのかはわからないが、映像の規格について、おもしろい話を聞いた。

最近の映画やＣＭでは４Ｋという規格で撮影されることが増えているのだけれども、将来的に映像機器が進化して、８Ｋ、16Ｋと解像度が上がっても、もともと４Ｋで撮られている映像を４Ｋ以上の解像度にすることはできないらしい。

ところが、フィルムで撮られている昔の映画は、その時々の最新技術でリマスターすれば、どんどん解像度を上げて行くことができるというのだ。そういえば、確かに最近、４Ｋリマスタリングと銘打たれたブルーレイが売られているのを見かける。

なるほど、と僕は膝を打つ。

当面必要のない無駄な情報や多くのノイズを含み、そのせいでどうしても扱いづらくなりがちなアナログと、今必要なものだけを残し、全体をすっきりと梳くことで、軽く扱いやすいデータにするデジタルとの違いはそこにあるのだろう。

翻って、書物はどうなのだろうと考えてみる。紙の本にしても電子書籍にしても、読み手の眼前にある文字に違いはない。当たり前だが、同じ文字が同じように並んでいる。もちろん文字をどのように表示するかの違いはあるが、文字を読んで想像をするという読書体験には、あまり差が無いように感じる。読書の解像度はアナログでもデジタルでも変わらないのだ。

あえて違いを探すならば、紙の本には重さがあることと、あとは汚れるということくらいだろうか。長い時を経た紙の本は、日に焼け、カバーが捲れている。小口が擦り切れ、虫食いがあり、ページにはコーヒーの染みがつく。

ところで、昨年末にしばらくプラハに滞在したことで、いま僕の中には何度目かのチェコブームが来ていて、ときどきチャペックを読み直している。おなじみの童話はどれも子供の頃から何度も読んでいるのだが、このところ『長い長いお医者さんの話』や『郵便屋さんの話』を読んで、ふと感じたことがあった。

次々に登場する面倒な患者たちも長旅を続ける郵便屋さんも、そこに書かれているものは何一つ変わっていないのに、これまでとはどこか違った風景が僕の中に浮かぶのだ。たぶん僕がチェコという国を、プラハという街を知ったからこそ見えてきた風景なのだろうと思う。

それはフィルムを最新技術でリマスターするのと同じことなのだろう。年齢を重ね、経験や知識を得れば得るほど、読み手が世界を知れば知るほど、物語は豊かさを増すのだ。読書の解像度を高める秘密はアナログかデジタルかという技術の問題ではなく、読み手自身の中にあるのかも知れない。

近々パリへ行く予定ができたので、なんとなくフランスの小説でも読もうかと思い、チャペックを机の脇へ寄せて、ウエルベックの『地図と領土』を開いた。芸術家ジェドの半生を淡々と描く物語なのだが、そう単純な話でもない。

アートとビジネスが語られ、架空の芸術作品が解説され、メタ構造として著者が作中に登場し、猟奇的な事件さえ起こる。全体的にどこか意地の悪い書きぶりがおもしろい。インスタレーションと演劇の話題が出てきたところで、僕の頭にふと「演出家はいつも詐欺師だ」というピーター・ブルックの一節が浮かんだ。

念のために書棚からボロボロになっている『なにもない空間』を引っ張り出し、パラパラとページをめくっているうちに、気がつくとこちらを読み始めていた。正直に告白すると、ブルックのシェイクスピア論はまだよく理解できない。演劇に関する僕の解像度はかなり低いのだ。

ともかく、こうして今僕の机の上には三冊の本が同時に開かれている。あ、そうかも。紙の本と電子書籍の違いがもう一つあった。同時に複数の本を開いて眺めることができるのは、紙の本ならではの利点かも知れない。旅に持って行くには、重さのない電子書籍のほうが便利なのだけれども。

（初出　ｗｅｂちくま「昨日、なに読んだ?」二〇一八年六月）

ここから始まる道に

東京の街中を見渡してみると、いよいよ二〇二〇年のオリンピック・パラリンピックが近づいてきたからなのか、大会に向けた様々な動きが本格化してきたように感じる。ふと気づけば掲示板にポスターが貼られていたり、タクシーのナンバープレートが大会仕様になっていたりと、直接大会に関係していない人たちも少しずつ二〇二〇年を意識し始めているようだ。

とはいえ、意識されるのは主にオリンピックで、パラリンピックへの関心はまだまだ低い。僕は長らく放送局でパラリンピックに関する番組の制作をしてきたし、昨年『伴走者』という小説を上梓したこともあって、パラスポーツの現場には取材の一環としてそれなりに出向いてきたし、選手や関係者ともある程度の付き合いがあるから、もう少しだけパラスポーツへの注目が高まって欲しいと願っている。

現場に足を運んで僕が感じているのは、日本のモノ作りが本気を出せば、パラスポーツを起点にした新しい市場を作れるのではないだろうかということだ。一見、何の関係もないように思われるかも知れないが、実はパラスポーツにモノ作りは欠かせない。

もうすっかり過去の話になってしまうが、昨年三月に韓国の平昌で開催された冬季パラリンピックはメディアもそれなりの大きさで取り上げていたから、ご覧になった方は多いだろうし、選手たちが様々な専用の道具を使っていたことも記憶に残っているかもしれない。そう、これは道具の話である。

先端にスキーのついたアウトリガーと呼ばれるストック。椅子に座ってゲレンデを滑降するチェアスキー。パックを打つだけでなくソリを漕ぐのにも使われるアイスホッケーのスティック。膝関節と足関節が連動して動くスノーボード専用の義足など、どれもふだん僕たちがあまり目にすることのないものだ。もちろん冬季だけではなく、来年やってくる夏季大会でも競技用の義足や車椅子をはじめとする、いろいろな道具が使われている。

スポーツに専用の道具が使われるのは当たり前の話だし、一流の選手が自分専用の用具を誂えるのは別に珍しい話でもないけれど、パラスポーツに使われる道具は、単純に競技のためだけでなく、選手の日常的な動作を支えたり、欠損した肉体や筋力を補う補助具や装具としての役割も担っているという点が、他のスポーツの道具とは違っている。

そもそも、ひとりひとり肉体の形や状態がまるで異なるのがパラスポーツの面白いところで、同じ競技の選手でも、使っている道具はそれぞれの状況に合わせて細かく異なっているのだ。

車椅子バスケットボールのように選手全員が車椅子に乗って戦う競技でさえ、腹筋が使える選手と使えない選手では背もたれの有無が変わるし、両足を動かせる選手、まったく動かせない選手、片足切断の選手、両足とも無い選手では足置きの作りも違ってくる。

もちろんトップレベルの選手でも、すべての道具が体に合わせてつくられているわけではない。パラスポーツを積極的に応援しているメーカーの中には、選手といっしょになって新しい道具をつくっているところもあるけれど、むしろ多くの選手は既製品をうまく組み合わせるなどの工夫をしているし、中には、自分でネジ一つ、布一枚を足したり引いたりして、ミリ単位、グラム単位での微調整を行なっている選手もいる。

いずれにしても、いかに自分の体にフィットさせるかを追求すれば、どうしても万人に使えるものではなく、自分にしか使うことのできない道具になっていく。障害者を取り巻く話題の中には、ユニバーサル・デザインだとかバリア・フリーなんて言葉がよく出てくるけれども、実は、パラスポーツに使われる道具は、あまりユニバーサル・デザインだとは言えないかもしれない。全員が同じように使いやすい道具を揃えるのではなく、それぞれの選手に合わせてベストな道具を用意しなければ、なかなか世界で勝つことはできないのだ。

先の平昌大会では、トヨタの開発したチェアスキーを使う選手が話題になった。以前から日本の競技用チェアスキーは車椅子メーカーと自動車部品メーカーの協働によって開発されていたのだけれど、今回自動車メーカーそのものが参加したというのは大きなトピックだったと思う。もっとも、チェアスキーは古くはヨーロッパの自動車・オートバイメーカーなどが開発に関わっていたこともあるので、世界初というわけではない。それでも主要な部品だけでなく、空気抵抗や全体のバランス調整まで一元で開発できることは、かなりの強みだし、今後はこうした大手企業が関わることも増えていくだろう。

トヨタのような大手がパラスポーツに参入して、新しいアイディアや技術を生み出すことは大歓迎だし、その技術が多くの人に使われるようになれば、もしかすると価格だって下がるかもしれない。

けれども僕は、本音を言えば、小回りのきく中小メーカーや若いベンチャー企業にもっと参入してもらいたいし、そのチャンスだって充分あるはずだと思っている。

平昌大会のスノーボードに出場したアメリカのマイク・シュルツ選手の使っている義足は自分で開発したものだ。彼は事故で片足を失ったあと、義足を開発する会社を自ら立ち上げ、各種スポーツに特化した高性能の義足を製造販売している。ユーザーならではの視点で改良を重ね、今ではライバル選手の義足も製作しているという。

アイスホッケーの日本代表が使っていたスティックはカーボン繊維の加工を得意とする日本企業が開発したもの。これまで海外製がほとんどだったスティックに対抗して、日本ならではの技術を駆使して強度と小型軽量化を実現している。

いずれも小回りがきき、小ロットでモノ作りのできるメーカーだからこそ対応できることで、僕はこうした流れが加速するといいなと思っている。

パラスポーツ選手のために考案された道具の中には、スポーツをしない障害者にとっても便利なものがたくさんあるし、そのうちのいくつかは、やがて障害者以外にも使われる道具になるだろう。

人は誰でも歳をとるわけで、年齢を重ねれば視力は落ち、音は聞きづらくなり、膝は曲がらず、体幹を支える筋肉は衰える。それらをカバーして生活を支えるための用具や装具は、今でもいろいろと用意されているし、実際に使われているけれども、実は惜しいものが多い。

自動車のシートやハンドルの位置は簡単なレバー操作で細かく調整できて、その時々に最も適した運転ポジションを選べるようになっている。同じようなことが補助具でもできるようになると、より便利になるだろう。工夫を凝らして用具や装具を開発している人たちにはいくぶん申しわけないが、実際に使ってみると、そうした道具の多くは、一度長さや角度を決めると変更するのにひと手間かかるし、あともう少し調整できれば、たぶんもっと楽になるだろうなと感じるものが少なくない。

わずかに車椅子の座面が広ければ、もう少しグリップが細ければ、腕につけるカフがあと一回り太ければ、文字がもっと大きければ、杖の長さやグリップの角度を座っているときと立っているときで簡単に変えることができたら。

既製品に体を合わせてきた人たちが、一度でも体にぴったり合わせて誂えた道具を使ったら、それまで自分がいかに無駄な力を使っていたのかがわかるだろう。それはたぶん衣服と同じことだ。おおよそのサイズが合っていれば服は着られるし、それで大きく困ることはないのだけれども、ちゃんと採寸をして仕立てられた服が体にフィットする感覚は得られない。生活を支える補助具や装具も、本当はそうあるべきなんじゃないだろうか。既製ではないオートクチュールの装具。そうしたモノ作りにこそ、大企業だけでなく、小さな企業やベンチャーに参加して欲しいのだ。

僕は経済やビジネスに関してはまったくの素人だ。それでも、ここ十年ほどでモノ作りのやりかたはずいぶん変わったように感じている。あくまでも僕がそう感じているという話で、根拠となるデータがあるわけじゃないが、均一化された商品を大量に生産し、マーケティングによって大量の消費を促すモノ作りから、消費者それぞれのニーズに応じてカスタマイズされたモノ作りへのシフトが始まっているような印象を受けるのだ。

大手メーカーの生み出す既製品は多くの人にとって使い勝手のいい、最大公約数的な商品だ。価格だって安い。その代わり、ひとりひとりに最適化されているわけではないから、痒いところにまで手の届くものにはならない。でも、その小さな差が生活の質を大きく変えることがある。だからこそ、価格が多少高くとも本当に自分が欲しいと思うものを手に入れたいと考える消費者が増えているんじゃないだろうか。大量につくられた既製品に合わせて人間が自分の暮らし方を変えるのではなく、ひとりひとりの生活に合わせて少しずつモノをつくる手法へ。購入したあとからでも自分で好きなように製品やサービスを少しずつ変えることのできる手法へ。そんなふうにモノ作りが変わりつつあるのじゃないだろうか。

かつてのモノ作り大国だった日本は、今やアジア近隣各国に追い越され後塵を拝していると聞くが、メーカーフェアなどを見る限り、モノ作りに関わっている若い人たちのステップは軽やかだ。彼らは３Ｄプリンターや ＰＬＤなどを利用したモノ作りで、新しいアイデアを世界に持ち込もうとしている。その勢いをほんの少しばかりパラスポーツのほうにも向けてくれたら、きっと面白いことが起こるだろう。

パラスポーツとその選手を取り巻く環境には、超高齢社会を迎えた日本に必要なヒントがたくさん隠されている。誰にでも使いやすく、しかも、ひとりひとりに合わせてカスタマイズ可能な製品やサービスを生み出すことができれば、きっとこれから高齢社会を迎える世界各国でも大いに受け入れられるはずだ。

新しく生まれたアイデアは、パラスポーツの選手が先んじて試してくれる。それは自動車メーカーがレースに参戦するのに似ている。自動車メーカーはサーキットで新しい技術を試し、基本的な性能や安全性、使い勝手などを確認し、その後の製品へ応用する。レースのために生まれた知恵や工夫が、やがて大衆車へ反映されていく、あのイメージだ。

同じように、パラスポーツ競技の場で試された技術やアイデアが、より使いやすく、より安全な補助具や装具として商品化され、やがて僕たちの生活の中に広まっていく。特殊なものから普遍的なものへの転換だ。

非日常の場で使われる競技用の道具と、日常の中で普段使いする装具や補助具とでは求められる安全性や耐久性なども大きく違ってくるから、そう簡単には言えないけれども、光ファイバーや缶詰は、もともと軍事用に考え出された技術が一般に応用されたものだし、燃料電池や紫外線カットの技術はアポロ計画の中から生まれたものだというから、こうした技術の転用がパラスポーツの世界でも起こっていい。

　これから二〇二〇年に向けて、国内でも数々のパラスポーツ大会が開かれるし、一般の人がパラスポーツを体験できる機会も増えるだろう。モノ作りに関わる人たちがそうした場に足を運び、当たり前過ぎて見過ごされていた小さなバリアを見つけ、当事者や関係者だけでは思いつかなかったアイデアや工夫で、新しいモノ作りを始めたらと考えると、僕はワクワクする。

　選手にとって必要なもの、勝負のために必要な工夫、その一つ一つがまちがいなく僕たちの暮らしをより良くするものに繋がっている。そこに新しい時代のモノ作りのヒントが必ずある。小さな企業やベンチャーがその軽いフットワークを生かしていち早く新しいアイデアを形にすれば、世界を相手にだってできるかもしれない。

　なにせ日本は世界で最も早く超高齢社会に突入したのだ。これを大きなチャンスだと捉え、僕たちが先頭に立ってどんどん新しい価値観をつくり、世界のバリアフリーを引っ張っていけばいい。それは決して僕の妄想などではないはずだ。

「伴走者」と聞くと、選手と一緒になってトラックやフィールドで体を使うアスリートのことだと思うかも知れない。けれども彼らの話を聞き、共に考え、その目標を叶えるために知恵を使うこともまた伴走なのだ。そしてその伴走は、やがて個々の選手から社会へとパートナーを変え、どこまでも続く道を走ることになる。

これからの日本に、ここから始まる道に、より多くの伴走者が生まれることを願っている。

（初出　講談社『現代ビジネス』二〇一九年五月）

近年五輪を開催した国は、たいていどの国もオリンピック・スタジアムなる施設をつくって（あるいは既存の施設を改称して）、五輪の終了後にそれをパラリンピックにも使ってきた。まず先にパラリンピック・スタジアムなる施設をつくって、それをオリンピックにも使ったという国はなかったし、たぶんこれからもない。

再放送では真田が勝つんだよ！！

戦国武将にかぶれまくった社長が「君たちには、この珍しい茶碗をボーナスとして支給する」と言い出したら辞めどきだと思うけれどけっこうな活躍をしながら、茶碗をもらって大喜びしてた戦国武将ってかわいいし、その価値システム考えた人は天才。

昼ドラで奥さんが禁断の恋におぼれていくシーンでよく聞くのはConcerto Pour Une Voix。

多くの関西人は古来より「せぇへん派」と「しぃひん派」のいずれかに属し、闇の中で果てしない闘いを続けてきた。そして今、新たなる茶番が始まる。

考えるのは面倒臭いし、解らないままでいるのは不安だから、僕たちはつい安易な結論や簡単な説明に飛びつきたくなるけれど、たぶん、解らない状態・答えのない状態のままでじっと耐える勇気が、ものごとを深く考えるためには必要なのだろうと思う。

モーツァルトとシューベルトとリスとべーとヴェン。べーとヴェンは二人組の大工ユニット。

実際に足を運んで取材すると、やっぱりネットの検索なんかでは知ることのできないことばかりだよなと実感する。今回は、この季節の山形には薄着で行っちゃいけないってわかったのが最大の収穫。

たいへんな状況の人もいるだろうけれど、ハッピーだと口にするのはそう悪いことじゃない。誰もがそれぞれの辛い思いをほんの少しの間だけそっと隠して、みんなでハッピーだと言ってみる。ハッピーとかおめでとうって、そういう言葉なのだろうと思う。

もしも僕が今年を漢字一文字で表すとしたら「今年」だね。

ハーケン

何か大きな事件や事故が起きたとき、僕はふと、自分に責任はないかと考えることがある。直接の関係はなくとも、これまでに僕のとった小さな行動の一つ一つが知らないうちにどこかで何かとつながって、その問題の遠い原因をつくっていたかも知れないと考え、恐ろしくなることがある。もちろん、それは僕の考えすぎだとはわかっている。

私が悪かったんですごめんなさいと言うよりも、あいつもやっているとか、みんなでやったとか、どうして自分だけが責められるのだとか、部下が秘書が命令だからなんてことを言う人は少なくないし、僕はそれをカッコ悪い態度だと思うけれども、そう思わない人もたくさんいるだろう。

責任を細かく刻んで増やし、薄く広く延ばして、向こう側が透けて見えるほどの欠片にしてしまえば、もうそこには責任など存在しないのも同然だ。そして、そのぶんだけ、あらゆる責任の薄い断片がいたるところにふわふわと漂っている。きちんと取られなかった責任が、やがて霧のようになってぼんやりと社会を包み込んでいく。そんな気がしてならない。

岩壁を登るクライマーが数メートルおきにザイルをハーケンで固定するように、定期的にものごとの責任をはっきりさせておかないと、あらゆるものごとが切れ目なくつながり続け、一度崩れ出すと歯止めがきかなくなるんじゃないかと思うのだ。

責任をうやむやにするのはカッコ悪い態度だとは思うけれど、他人の責任を追及するかと問われたら、たぶん僕は何もやらずに、こっそり愚痴を言うだけだ。僕はその程度の卑怯者なのだ。

だから、いつか僕の手に負えないような大きな問題が起きたとき、あるいは社会が大きく変わってしまうようなことが起きたとき、ああ、あのときにしっかりハーケンを打っておけば良かったと僕は後悔するのだろう。

祝宴

どうも。みなさん、こんにちは。

戦後七十年のスピーチという大役を仰せつかりました、わたくし、浅生鴨と申します。

お話をいただいたときには、これはもう、わたくしでは力不足、とてもじゃないけれども、そんなことは無理だと思いながら、なぜか、うっかり受けてしまいまして、この場になってもまだ、いったい何を話せばいいのだろうと戸惑っているところなんです。

でまあ、いちおう前もってこんなふうにメモを用意しましたので、これをですね、こっそり見ながらお話しようと思っております。

戦後七十年だそうですね。七十年というのは、ずいぶんな時間で、つまり、人間でいえば古稀ということになるわけです。

古くは杜甫の『曲江』に、

酒債尋常行處有
人生七十古來稀

とありますが、今の日本は超高齢社会ですから、まあ、古稀といっても、もうそれほど珍しいことではなくなって来ているんでしょうかね。

とは言え、やはり七十年というのはお祝いされるべき一つの区切りでしょう。ここまで元気に過ごせて来られたのは本当に何よりです。

七十歳ですから、そりゃ少しは足腰も弱ってきているでしょうし、目や耳なんかにも悪くなっているところがあるでしょう。そろそろしっかり検査をして、悪いところは早めに治していくってことを心がけたほうがいいかも、なんてことを思うわけです。ちょっと杖なんかも必要じゃないのかな、なんてことも思うわけです。

でも、そう言うと「いやいや元気だよ。健康健康、ピンピンしてるから平気だよ」

と仰るのかも知れません。「まだまだ若いモンには負けられない。どれだけ強いか、どんなに元気かを見せつけてやりたい」なんてこともきっと考えておられるのでしょう。

ええ。ぜひ若いモンに、もっともっと教えていただければと思います。どうすれば七十年という歳月を上手に過ごすことができたのかを。その秘訣はいったい何だったのかを。まあ、ご無理のない範囲で結構ですが。

振り返ってみれば、もちろん、この七十年間には、いろいろな出来事がありました。嬉しいことやステキなことだけではなく、多くの悲しい出来事もありました。そのことは、たくさんの人が今でも胸に刻んでいます。

それでもこの七十年がこの国にとって、すばらしい時間であったことはまちがいありません。なんと言っても、世界中のいろいろな国や地域やそこに住む人たちから、あんな風になりたいと思われてきたわけですからね。これって、本当にすごいことですよね。

よく食べ、よく働き、よく笑い、よく眠る。会いたいときに友に会い、自由に思いを語り、恋をする。困っている人たちに手を差し伸べ、悪いことをした人はきちんと叱る。何だかあたりまえのことのようにも思えますが、それをできずにいる人たちが、世界にはたくさんいて、彼らからは、ずっと憧れを持って見られてきたんですよね。

そう考えると、責任重大ですね。これからの七十年をこれまでと同じように当たり前に過ごせるのか、いつまでも憧れていてもらえるのかは、これからの私たちにかかっているわけですから。

七十年も経つと、いろいろと変わることもあるでしょう。だからこそ注意深く、体と心に気を使いつつ、ときどきは休んだり、悪いところを治したりしながら、しっかりと遠くに視線を置いて、まっすぐに歩いていきたいものです。

そう。

世界の人たちがハッと振り向くように、あんな風になりたいと思われるように、いつまでもオシャレでカッコよく、スマートでありたいですからね。

穿花蛺蝶深深見
點水蜻蜓款款飛

傳語風光共流轉
暫時相賞莫相違

この国に住む誰もが、その僅かな人生の瞬間を共に仲良く、お互いを大切に思いながら、幸せに過ごせることをお祈りして、古稀のお祝いに代えさせていただきます。

本日は、おめでとうございます。ご静聴ありがとうございました。

（初出『ポリタス』特集「戦後七〇年」二〇一五年十二月）

もうおじさんなんだから、みんな僕をもっといたわって欲しい。空手のいたわるじゃなく、悪い人を見つけたときのいたわるでもなく優しくするほうのいたわるで。

死んだ魚の肉でも食べてこよう。

神は言われた。汝、柿ピーを食するときはまずピーを食せよ。追って後に柿の種を食せよ。ピーを一つにつき柿の種三つ取り、残ったピーは神に捧げよ。

「バケツをひっくり返したような雨」と言うので、バケツをひっくり返してみたが、特に何も起こらなかった。次はバケツに水を入れて試してみよう。

僕はもう迷わない。今からアイスを二個もしくは三個買ってくる！

きれいに整えること。はっきりさせること。その欲求はとても強くて、いつも僕たちから考える時間を奪う。わからないことをわからないままに、曖昧なものごとを曖昧なままにしておく。それには忍耐力がいる。

自分にまるで関係ないことに首を突っ込んで、必要もないのに勝手に忖度して、当事者に代わって誰も望んでいないクレームを言うって心境は、僕にはさっぱり理解できないけれど、クレームを言われたほうも面倒だからってとりあえず謝罪しちゃうのを見ると、忖度社会って本当に気持ちが悪いなあとは思う。

平安時代の平均寿命が三十五歳くらいだと聞いて驚いたんだけど、そういえば、日本人の平均寿命が五十歳を超えたのは戦後になってからだし昭和五十年でも七十歳以上は五%未満だから、あのころ老人役を演じていた俳優が意外に若いってのはおかしくないんだな。

店員が料理を運んで来て「〇になります」って言うたびに「もうなってる」って心の中で思ってる。

ものごとに冗談を織り交ぜるのは僕も大好きだし、その態度はかっこいいと思うけど、冗談を織り交ぜないと新聞を読んでもらえないというのは悲しいし、中には織り交ぜじゃなくて冗談がメインになりつつある新聞もあるように思えるからいろいろ辛い。

頭の中にしかない

たまに、最近はもう本当にごくごくたまに、舞台やらイベントやら展示会やらの演出を頼まれることがあって、基本的には大勢の人たちと何かをやること、特に人に指示を出すことが苦手な僕としては極力お断りしているのだけれども、それでもまあ目先のお金に気持ちがぐらついて、うっかり引き受けてしまい、そしてすぐに後悔することがある。

舞台にはこういうものを置いて、登壇者にはこんなふうに動いてもらい、背景はこうする、セットは、衣装は、照明は、音響は、小道具は、と頭の中にあるイメージをそれぞれの担当者に伝えて、最終的なものを目指して形を整えていく。ところがいつも僕は説明不足で上手く自分のイメージをみんなに伝えられないものだから、多くのスタッフが困惑することになってしまう。もしもそのイメージが何かに似ているのであれば、ほらあれに似た感じで、あれふうにしたいんだ、そう言えばいいのだけれども、新しいものを創ろうとするときには、それはあまり役に立たない。

頭の中にある全体像の中から、その一部分だけを取り出して、次から次に漠然としたことを言う僕に、いったいお前は何がしたいのだ、何を見せたいのだとスタッフは苛立った顔を見せつつ、それでも僕のああして欲しいこうして欲しいというお願いを引き受けてくれるのは、たぶんこれまでに何度か一緒に仕事をしてきて、最後には何とかなるということを知ってくれているからなのだろう。

最終段階に入って、すべてのパートがどうにか形になり、いざそれらが同時に現れてようやく「ああ、なるほど。お前はこういうことがしたかったのか。やっとわかったよ」と、そこで初めてスタッフに伝わるのだから、これはもう何の方向性も事前には示せていないということで、演出を仕事にする者としてはダメもいいところなのだ。

舞台演出に限らず、会社でもスポーツでも、優秀な人は、ものごとの最初の段階で最終的なイメージをみんなに上手く伝え、目指すものを共有する。全体像を共有しているから、そこにはブレがないし仕事も早い。あいにく僕にはそれが上手くできない。完成形は僕の頭の中にあって、そして残念なことにそれは僕の頭の中にしかない。

　これまでのところ優秀なスタッフたちのおかげでなんとかなってきたけれども、こんなやり方で次も上手くいくとは限らないし、最後の最後まで「これで本当に上手くいくのか?」と、スタッフやクライアントをヒヤヒヤさせてしまうことになるから、やっぱり僕はこういった仕事は引き受けないほうがよさそうなのです。

ありのまま起こった事を話すぜ。『定食の味噌汁におばさんが指を入れた』何を言ってるのかわからねーと思うが俺も何が起きたのかわからなかった。煮魚定食を頼んだら運んできた店のおばさんが、テーブルの上にお盆を置いた後、いきなり人差し指を味噌汁につっこんで、うなずいてから戻っていったんだ。

僕は成人式に出ていないので、未成年です。

１つの事件に関する目撃証言を並べれば、いかに人がものを見ていないかがよくわかる。記憶は編集され上書きされ、時とともに都合よく変化する。当事者の見聞きしたものが事実だとは限らない。当事者の語る真実が事実だとは限らない。人が何かを真実だと言うとき、そこには理由がある。

喫茶店にいるはずなんだけど、すぐそばの席でバッチリメイクのわりとイケイケな感じの女性が「あーすみません、実は今日かぜをひいちゃって……ええ、ええ、無理なんですよ、え？　今ですか？　今は家で寝ています」って言ってるから、ここはたぶん彼女の家。

会議で「逆にさあ」って言い出す人の話は、たいていの場合、どこも「逆」じゃない。

バスの中で「うるさい！　文句くらい黙って言えないのか！」って怒っている人がいて、すごいなって思った。その発想はなかった。

大きなケガで入院して、ひたすらベッド上で寝たままかなり長い期間を過ごしたあと、初めてシャワーを浴びたときに大声でわんわん泣いたことを思い出した。あのときは普通を１つ取り戻すたびに泣いていたんだけどね。

感想はいろいろあって、ひとことでは言えないのだけれど『この世界の片隅に』を観てからずっと僕の頭にこびりついているのは、今もあの体験をしている人たちが世界にはたくさんいるということ。そして戦後七十年経って、いま僕たちは、理由はどうあれ、落とす側に加担しているということ。

コップの水をこぼした瞬間、素早く左手がコマンド＋Zの形に動いたので、さすがにこれはヤバいって思った。

さらに雑文転載

そりゃ絶滅するわ

スーパーに夕食の材料を買いにいったら、ものすごい数の鰻の蒲焼きが台の上に並んでいた。どうやら、もう売れ残りモードに入りつつあるみたいで店員が半額シールをバンバン貼っていた。ああ、そりゃ絶滅するわ、って思った。

最後には自分に向かう

「自分の気に入らないもの、自分の考えと違うものはこの世から無くなればいい」

っていう風潮がますます強くなってきたよね。

今はまだメディアに向かっているものが多いけれどそれはやがて人にも及ぶのだろうし、今でも少しずつ人に及んでいるように感じている。意見は否定するけれど、それを言う人の存在は否定しない。それが言論の自由を守るということ。「××新聞は無くなればいい」とか「〇〇出版はつぶれろ」っていうような言い方は結局、最後には自分に向かうんだってことを忘れちゃダメだよね、と自戒も込めて。

寝るなよ

タクシードライバーに「お客さん、眠くないすか？　眠いすよねぇ」って言われると、ものすごく不安になる。寝るなよ。

もともとは何なのか

武器のように、当初から他者を傷つける目的でつくられる道具はもちろん多く存在するが、どんな道具であれ、本来の用途と異った使い方をすれば他者を傷つけることはできるし、そういう例も少なくはない。

とはいえ、やはり道具はそれに担わせる用途のためにつくられるものであり、道具を使うより前から、本来の用途と異なる使い方をあれこれと考え、だから使うべきではないと言うのは、自動車は人を轢き殺すのに使えるから、シャベルは人を埋めるのに使えるから禁ずべきだと言うに等しい。

本来それは何を担う道具なのか。なぜその道具がつくられたのか。それを忘れて、本来の用途と異なる使い方ばかりに気を取られる者は、そうした考えに固執するあまりに視野が狭まり、その道具が生み出してくれる様々な利点さえも見逃すことになる。

それだけで充分

うちに帰るとねこ社員たちがごろごろしていた。ねこ社員たちは特に役に立つことは何もしない。ごろごろして、ご飯を食べて、トイレを汚して、壁で爪をとぎ、机の上の物を床に落とし、またごろごろする。役立つことは何もしない。でも、ごくたまに僕の足元でにゃあと鳴く。それで充分。それだけで充分。

理不尽な原稿用紙

極端な言い方をすると、カメラを回せば映像は映る。もちろん狙いやアングル、映像に込めたいメッセージなどを考えれば、それほど単純ではないが、たとえば猫のいる部屋で半日カメラを回せば、少なくとも何分かは猫が映る。なのに原稿は半日待っても一文字も増えない。理不尽である。

パーツとは余るもの

買い物をする。家に帰るまで我慢できずに途中で箱を開ける。いろいろ取り出す。しばらく堪能したあと、もういちど箱にしまおうとする。なぜか箱に収まらない。なんとか強引に箱に戻せたと思ったら、まだいくつかパーツが余っている。おかしい。どうしてこれがぜんぶこの箱に入っていられたのか。謎だ。

気軽には言えない

ネットでの署名活動に対する僕のスタンスはとても単純で、同じ内容のものが回覧板で回ってきても署名するか？　街の中で求められても署名するか？　ってだけ。気軽に意見を表明できるからといって、表明した意見の責任までもが気軽であってはいけないと思う。

ラグビーに学んだ

何ができないかではなく何ができるのかを考える。倒れたらすぐに立ちあがる。プレーが止まっているときこそ細かく話し合う。一番いいタイミングで参加できるように予想して動く。互いの役割を柔軟に入れ替える。誰かが必ずフォローにつく。喜びすぎない。落ち込みすぎない。

僕がラグビーに学んだことは多い。

半径一メートル

「なんでまだ行ってるの？　もう復興したんでしょ？」

どれだけの人にそう聞かれただろう。

そのたびに僕は返事に困る。あの町の現状を考え、復興ってなんだろうと悩み、そして、友達の住む町へ遊びに行くのにいちいち理由なんているのかとも思う。

たとえ目を開いていても、ものごとは自分が見たいと思っているようにしか見えないのだから、最初から興味のない者には本当に何も届かないんだなと思う。

世界を閉じている人にも刺さる言葉を見つけるのって本当に難しい。

他人のことにまったく興味を持てない人は、どうやら僕が思っているよりもたくさんいるみたいだ。

半径一メートルの自分だけの世界をスマートフォンに詰め込んで持ち歩く人たちが電車に座って並んでいる。

そんな東京でオリンピック。七年後にオリンピック。

それがパンクロック

僕たちはいつだって遅れてきた世代で、少し年上の人たちが体験できているのに自分たちは体験できなかったあれこれに悔しさと憧れを併せ持ち続けている。

それと同時に、あなたたちはそんなにすばらしい体験をしてきたくせに、どうしてこんなつまらない世の中にしてしまったんだという腹立たしい気持ちも、どこかに持っている。

だけど、もっと若い人たちから見れば、きっと僕たちもやっぱり何かを体験した世代で、そして、やっぱりつまらない世の中をつくってしまっている世代で、だからこそこの辺で僕たちは少し踏ん張って、もう少しだけおもしろいと思ってもらえる世の中を渡すことができればいいなと思う。

本当に戦うべきときに誰かに任せるのではなく、自分の足で立ち上がって自分の声で吠える。

それこそがパンクロック。

戦って、負けて、傷ついて、そのぶんだけ強くなる。そこまでを含めてパンクロック。昨日の脳内バンド結成会合で、ふと、そんなことを思った。

設計

アクション映画で時限爆弾を解除するシーン。主人公が爆弾のリード線を引っ張り出し「さあ、どっちの線を切る？」みたいな場面があるけど、うまい回路設計では余分なリード線が残らないようにするから、あんなに引っ張り出せるリード線がある以上、あの爆弾をつくってる人は設計うまくない。

閉局

足掛け五年、二〇四八回の生放送を終え、いよいよ閉局する臨時災害ＦＭ局。最後の放送が終わってみんなで打ち上げをした。誰もが泣き、そして誰もが笑う打ち上げ。これまでの思い出やこれからのことなどを一人ずつ順番に話す中、どんなふうに言えば、僕がいま感じていることを伝えられるか悩む。

何もないところに何かをつくった人たちの力と勇気と信念。みんな本当にすごいことをしたのだ、おめでとう。僕はそう言った。おバカで珍妙な出来事が次々に起こる、とにかく笑いの絶えないラジオ局だった。

米粒

あんなに小さかった米粒が、たった半年の間にどんどん大きくなって穂をつけて、次の米粒を生み出していく。女川や福島の高校生を見るたびに、なぜか僕はこの稲のことを思い出す。

誕生日おめでとう

三月十一日は多くの人にとって忘れることのできない日。でも、けっして悲しいだけの日じゃないし、笑顔になっちゃいけない日でもない。東北の小さな町で女の子が「私、今日が誕生日なんです」と寂しそうに言ったことを今でも覚えている。僕は君に笑顔でいて欲しいと思っているよ。誕生日おめでとう。

このメンバーで

四年経ってようやく駅はできたけれど、まだ何もない土地が広がる女川町。でも蒲鉾屋に「ねぇ鴨さん、何もないでしょ。だけど、こんなに楽しい復幸祭をつくったメンバーでこれから新しい町をつくるんですよ」そう言われた瞬間、ほんの一瞬だけ、僕の目の前に新しい町の姿が見えたような気がしたんだ。

ヘルシンキ

フィンランドの人は十二月の後半から一月の半ばまで冬眠するので、この時期はものすごくたくさん食べます。とってもお腹がヘルシンキ。なお、フエルとリコの二人組は、いつでもお腹がいっぱいです。

半チャーハン

ご飯がパラパラになっているタイプの半チャーハンを作りたいときは、一日置いたご飯を使えとか、すぐに卵を入れろとかいろいろ説はあるけど、まず卵とご飯を混ぜ合わせて、いわゆる卵かけ御飯にしてから、火にかけたフライパンに入れると、簡単にパラパラになるよ。あとは半分だけ皿に盛れば完成。

そのぜんぶの中間くらい

転職経験のある人とない人とでは、仕事や働き方について、微妙に話の合わない点があって、いつもそれを面白いと思っている。

同じ転職経験者といっても、勤め先を移ったことがあるという人と、勤め先だけでなく職そのものを変えた人、あるいはずっと会社勤めをしている人と、起業したり自営業になったりする人とでも、やっぱり働き方に対する感覚はずいぶん違っていて、これまた面白いと思っている。

結局、誰だって自分の経験の範囲でしか考えられないし、語れない。

僕は、会社勤めも起業も自営も、ぜんぶそれなりにたいへんで、そして、ぜんぶそれなりに楽しい面があるだろうと思っているから、僕自身はそのぜんぶの中間くらいの働き方がいいのだけれど、さて、その中間ってどういうことなのだろうと考え込んでみたり。

今日、若い人に就職や転職の話をしたせいか、なんとなく今そんなことを考えている。

眉間に皺を寄せたまま高く振りあげられた拳のすぐそばには無防備な脇の下がある。僕はそこをちょこちょこっとくすぐりたくなる。どうせ拳をあげるのなら、笑いながらあげたほうが楽しいと思う。

放送の仕事に就いてすぐのころ、とある事件について話をしているときに僕が「で、犯人は？」と言ったら周りにいた先輩たちから一斉に「犯人じゃない！　まだ容疑者だ！」と怒られたことを今でもよく覚えている。


きのう観たB級アクション。

鬼教官と若者たちが
「いいか、ここを出たらお前たちは人間じゃなくなるッ！」

「はいッ！」

「人間を捨てろッ！」

「イエッサーッ！」

「悪魔だ！　悪魔になれッ！」

「うおおおーッ！」

って盛り上がったあと
「よし、まずは準備体操だ」

「はい」

ってランニングを始めたのがおかしかった。


何かのせいにできれば、少なくとも気は楽になる。

ポンコツの午後

僕は角張った瓶からスプーンで顆粒状のコーヒーをすくい取って、大ぶりのマグカップに入れた。もう一回、こんどはスプーンに半分ほどすくって入れる。釜山のコンビニをずいぶん捜し回って見つけたインスタントコーヒーだ。砂糖入りのものや砂糖とミルクの入ったものはいくらでも手に入るのに、単なるブラックのインスタントコーヒーはなかなか見つからず、この金色のラベルが貼られた馴染みのある角張った瓶を見つけるには、それなりの苦労をしたのだった。

その場で豆を挽いて飲まないのなら、僕は布でドリップするタイプのものよりもフリーズドライになったインスタントコーヒーのほうが好きだ。インスタントコーヒーのことを悪く言う人もいるが、これはコーヒーの偽物などではなく、インスタントコーヒーの本物なのだ。

部屋に備え付けられている古い電気ポットから、ゴボゴボと湯の沸く音が聞こえ始めたあと、カチと硬い音がしてスイッチが切れた。沸騰すると自動的に電源が切れる仕組みになっている。

僕はマグカップを手前に置き、ポットの持ち手を掴むとそのまま熱湯をコーヒーの瓶へ注ぎ込んだ。たぶん疲れていたのだろう。角張った瓶の中で大量のコーヒーが溶けていくものの、さすがに溶け切ることは出来なくて、何やらドロリとした状態になって底のほうへ溜まっていく。

もちろんマグカップの中にはスプーンで一杯半の顆粒がそのまま残されていた。「濃い目のコーヒーを作り置いたと思えばいい」僕は自分に言い聞かせるように言った。真っ黒の半液体が溜まった角瓶を見つめる。「いちいち薄めて飲むのか?」と自分で自分に聞く。「そう。いちいち薄めて飲むんだ」

スーパーで売っているパックのコーヒーだと思えばいい。業務用の濃縮コーヒーだと思えばいい。この角瓶からマグカップに少量注ぎ、熱湯で適度に薄めてから温めた牛乳をたっぷり入れて飲めば、きっとそれなりに美味いだろう。

いずれにしても僕はポンコツだ。それだけは言える。

雑感三枚

空港のラウンジでしばらく時間を潰していた。朝一番のコーヒーを飲みながら、昨日のトークイベント会場だった札幌の「書肆吉成」で買った本をパラパラとめくる。

思えばあれは危険な書店だった。うっかりするとどんどん買ってしまいかねないし、僕はだいたいうっかりしているからなお一層気をつけねば。近代文芸にも海外文学の棚にも『芸術新潮』のバックナンバーの中にも何冊も欲しいものがあったのだが懐具合との兼ね合いでまたの機会にした。

クレジットカードを持って行かなくてつくづくよかった。また訪問する機会はあるだろうが、それが怖い。

ふと見回すと僕の周りではスーツを着たサラリーマンらしき人たちがノートパソコンに向かって難しい顔をしていた。

ああ、と僕は思う。二十年ほど前、僕が働き始めたころの出張はどちらかといえば働き詰めの毎日から逃れることのできるちょっとした休憩時間だったのに、今はどこにでもオフィスを持ち運びできるのだ。今は無理ですね、だってオフィスにいませんからねとは言えない時代なのだ。ああ、オフィスにいないのならしかたがないですね、それじゃあまた明日電話しますねとは言えない時代なのだ。そりゃあ疲れるよなあと思う。

飛行機に乗って席に着くと僕はすぐに眠ってしまう。国内線の場合は、たいてい離陸前に眠って着陸の振動で目を覚ます。起きたばかりのぼんやりとした目にキャビンアテンダントの姿が映る。

ところで、ビシッとしたスーツ姿はかっこいいけれどスカートをはいていることを僕はいつも不思議に思っている。ＣＡはいざというときの緊急作業員や保安要員としての役割もあるのだから、パンツルックでもいいんじゃないだろうか。僕はスカートをはいて作業をしたことがないのであの格好でどれだけ自由に動けるのかはわからないけれど、やっぱりスカートでは、特に緊急時にはいろいろと不自由があるのじゃないだろうか。

夜、渋谷の街はハロウィンの仮装をした若者たちで溢れかえり、さらに火災などもあって大騒ぎになっていた。どうやらハロウィンというイベントが一部の人たちの間では、近所の人たちとちょっとした仮装をして非日常を楽しむ子供たちのイベントというよりも、わざわざ出かけて行って騒ぐお祭りになりつつあるようだ。これは新しい祭なのだと言われたら、ああそうなんだねとしか答えようもないが、何らかの目的があって騒ぐ祭と、騒ぐこと自体を目的にしている祭とではやはり何か違うような気がする。

普段から地域のコミュニティーがきちんと成立していてこそハロウィンのような非日常の仕掛けが面白く作用するのに、そもそもコミュニティーが存在していない場所に赤の他人が仮装して大量に集まることがいったいどういう意味を持つのかはしばらく時間をかけて考えてみたい。

いずれにしても、もう少し上品に騒げるともっと楽しいのではないかと思う。見聞きするものだけでなく、自分自身の言葉や行動だって未来の自分をつくる材料になる。あまり品のよくない騒ぎ方ばかりを続けていると、それは体の奥深くに、ある種の癖として残っていくように思うのだ。

今日一日あれこれ思ったことを日記がわりに並べてみた。単なる雑感三昧であるが原稿用紙三枚ほどになったので雑感三枚とでもしておこう。

シェフの気まぐれサラダを頼むときは、前もってシェフの機嫌を確認しておいたほうがいいんだなと思った。

「私はB型だから疑り深いので、血液型占いなんてまったく信じない」って言ってる人がいておかしかった。

食パンの耳はなぜ耳というんだ。耳がついているってことはあれは頭か、頭なのか。あの白いところが食パンの頭なのか。だったら食パンの体はどこにあるのだ。食パンの尻はどこにあるのだ。

なんだともう十一月だと！？
あれ？　ことし九月ってあったっけ？　無かったんじゃないか？？
九月と十月をうっかり飛ばしていないか？

「俺も若いころは悪くてけっこうヤンチャしたんだ」なんて、なんの自慢にもならない。ただ、かっこ悪いだけ。そういう人が「悪かった」せいで、まちがいなく辛い思いをした人がいるわけだし、中にはずっとトラウマになっている人もいるんだよ。

聖火をつけるだけに

ちょうど二年後に開催される予定の東京オリンピック。僕は東京にオリ・パラがやって来ることをとても楽しみにしているけれど、さすがにこの暑さでは心配になる。国際的な約束を変えられるのかどうかなんて僕にはわからないが、ここはもう「急激な環境の変化に伴う、これまでのお約束と異なる新しい判断」をしていいと思う。十月がいいよ。十月にしようよ。僕は十月が好き。あと、三月も好き。関係ないけど、えび満月も好きです。

開催がいつになるのか、本当に夏に開催するのか問題はさておき。

東京オリ・パラの開会式は、派手な演舞歌謡や映像花火などは一切やめて、選手をとことん盛り上げることに徹した演出になるといいなあと思っている。選手たちが試合への緊張感を高ぶらせつつも、大会に参加することを楽しみながら入場し、宣誓し、あとは聖火をつけるだけ。そんな、まったく新しい開会式の形を世界に提案できればいいなあ。

徹底的にシンプルさを追求し、あらゆる余分なものをそぎ落としたときに残るものだとか、余白だとか、余韻だとか、そういうものだってジャパニーズ・クールの一つなのだし、どうだ我が国はすごいだろうわはははは、映像と音楽バーン、CGドカーン、ロボットジャジャーン、レーザービームと照明ビューン、そしてこれが和の伝統芸能やほらどうや、能だ狂言だ歌舞伎だイッツアジャパニーズ、太鼓叩いて桜ヒラヒラ~みたいなものに僕はもう飽きているし、カッコ悪いとも思っていて、できればもう技術と歴史の見本市みたいなことはやめないかなあ。肉体の祭典なんだし。もう二十一世紀なんだし。せめて電気を殆ど使わずにやるとかね。

目に見えるものではなく、わかりやすいものでもなく、これからの世界はどうあるべきかを本気で考えた結果がこれですっていう、精神というか有り様というか、そういうものを見せられるといいなと思うし、少なくとも僕はそういうものが見たいんだ。

キューバ雑感

▼ハバナの街には一九五〇年代の米国車が驚くほどたくさん走っている。その丸みを帯びた独特のレトロなデザインは、まさにザ・クラシックカー。派手な原色に塗装された車が古い町並みを背景に走る姿は、まるで古い映画の中にいるような気分にさせてくれる。

　他の国ではとっくに消えてしまった車がなぜかキューバではずっと現役で走っていて、それが今ではキューバを象徴するものの一つになっている。どうしてこんなに古い車ばかりが走っているのだろうか。

「そりゃ他に無かったからさ」ドライバーは明るい笑顔でそう答えた。

　実はキューバでは革命の後、二〇一一年まで新しい車の売買はずっと法律で禁じられてきたのだ。

「新車を輸入することはできない。古い車を売買するしかない。だから革命当時の最新型が今も走り続けているってだけなんだよ」

　人々は、動かなくなった車から部品を集めて新しく組み立て直したりエンジンを積み替えたりしながら、古い車をなんとか修理して動かしてきたのだ。今は少しずつ新車が輸入され始めている。

「トヨタは最高だよ。古い車なんてダメさ」

　冷房もオーディも完備。燃費だっていい。そんな最新の自動車に乗るタクシードライバーは得意そうにハンドルを叩いた。

　いずれあのクラシックカーたちは姿を消していくのだろう。古いものを大切にする気持ちがないわけではないだろうし、実際に大切に乗り継いできたからこそこうして今も街中をレトロな車が走っている。

　でも、そうするしかなかったという現実は、ここは五十年前に時を止め、そのまま世界から取り残された国なのだということを、ふと思い出させるのだ。

▼夕食の材料を買おうと地元のスーパーに入って驚いた。店にある棚の殆どが空っぽで、商品が何も置かれていないのだ。油と書かれた空の棚の前で困った顔してみせるが、近くにいる従業員はまったく気にする様子もない。

「オリーブオイルは？」そう聞くと、棚を指差して「ないね」と笑顔で答えてくれる。少しでも棚に隙間ができれば次々に品物を補充する日本のスーパーとはずいぶん方針が違っている。

　別の棚を見てさらに驚いた。一つの棚が全て同じ缶詰のトマトで埋め尽くされている。商品は一種類。トマトの缶詰はこれだけなのだ。産地や製造業者によって様々な種類の商品が並ぶ日本とはこのあたりもかなり違っている。

　店の中をうろうろ探しても新鮮な肉や野菜はなく、冷凍された骨付き肉が大量に冷蔵庫の中に並べられているだけだった。

　しかたなくアパートの

近くにある小さな市場を覗いてみるが、正直に言って野菜はへなへなだし、肉にはハエがたかっていて、あまり新鮮には見えない。米や豆などの穀物類は案外と簡単に手に入るのだが、とにかく新鮮な野菜や肉がなかなか見つからないのだ。それでもなんとか材料をゲットして、スーパーで買った骨付き肉と一緒に調理をした。

翌日、缶詰のトマトを追加しようとスーパーへ出向いたが、トマトが並んでいたはずの棚に、パプリカの缶詰が延々と並んでいる。

「あるときに買わないと手に入らなくなっちゃうわよ」店の制服を着た女性が説明してくれた。

これが計画経済というものなのか。いつでも大量に用意されている商品の中から自由に選ぶということに慣れているせいか、なんだか不思議な感覚になる。「選べる」というのはありがたいことなのだなと実感した。

▼ハバナの旧市街にあるアルマス広場では、毎日のようにノミの市が開かれていると聞いて、いったいどんなものが売られているのだろうかと訪れてみた。

広場中央にある公園には大きな樹木が覆い茂り、その下にカメラやレコード、喫煙具などを並べた屋台が集まっている。一軒の屋台で何気なくカメラを手に取る。古いロシア製のフィルムカメラだ。「ＯＫ！　ビューティフル」と店主は言うがレンズは曇っているしシャッターも切れない。修理しても使えるのかどうかは怪しい代物だ。これは手を出さないほうが良さそう。そっとカメラを元の場所に戻す。

そうした怪しい道具のすぐ隣に置かれた本棚には、古い本がずらり。背表紙を見る限り、どうやらその多くはゲバラに関する本のようだ。言行録に伝記、写真集。こんなにゲバラの本があるのかと驚く。スペイン語だけでなく、フランス語や英語のものもある。

そう、キューバと言えばチェ・ゲバラ。どこへ行ってもゲバラがいるのだ。内務省の外壁に鉄線で描かれた肖像も有名だが、何といっても日本人におなじみなはジム・フィッツパトリックのデザインした『英雄的ゲリラ』だろう。土産物店では、当然のようにあのイラストをあしらった様々なグッズが売られているし、壁に落書きのように肖像画が描かれている家もある。ゲバラの肖像が印刷された紙幣は外国人に大人気で、本来の何倍もの値段で両替されている。

キューバ革命を成功に導いた英雄は、のちに政治の一線から外され、新たな革命の地で命を落とす。不遇な最期だったと言えるだろう。そのゲバラの肖像が、今、人気の土産物として外貨を稼ぐだけでなく、世界中でキューバのシンボルとなっている。

自分の肖像が描かれたＴシャツを見たら、彼はいったい何を言うだろうか。僕はふとそんなことを思う。

ハバナの街にはたくさんの犬がいる。日ざしの柔らかな早朝や夕方には犬を連れて散歩をする高齢者の姿をよく見かけたが、殆どはリードをつけず、ただ一緒に歩いているだけ。どうやら犬をつなぐという発想がないようで、人間に飼われている犬と、外で暮らしている犬との区別もあまりつかなかった。

聞くところによると、ハバナにはいわゆる野良犬はいないそうだ。街の中を自由に歩き回っている犬たちも、すべて市に登録されていて、どのあたりにどんな犬がいるのかは役所がきちんと把握しているらしい。

中には皮膚病にかかっていたり、ケガをしていたりするものもいて、あまりきれいな犬ばかりだとは言えないのだが、それでもみんな自由気ままに暮らしているように見えた。

もちろん猫もいる。こちらは誰にも管理されず、殆どが野良猫だ。猫たちは公共のゴミ収集箱を中心に暮らしているようで、深夜にゴミを出そうと収集箱に近づくと、何匹もの猫が中から飛び出してきて、ずいぶんと驚かされた。それでもこの街で猫が生きていくのはたいへんなのか、あまり高齢の猫は見かけなかったように思う。

犬も猫もあまり人間を警戒することはなく、通行人の足元に近づいて甘えるような仕草さえ見せる。住宅地の外れではときどきヒヨコが放し飼いにされていて、犬や猫は元気に走り回るヒヨコたちをチラチラと横目で見ているのに、それでもなぜか襲おうとしない。きっとこの国では人間だけでなく犬や猫ものんびりしているのだろう。

借りていたアパートの近くで、やけに毛の長い犬を見かけた。たぶんチャウチャウ犬だろう。この暑い国で暮らすのは、ちょっとたいへんじゃないか。「暑くない？」近づいてそう声をかけると、何を勘違いしたのか、犬は急にゴロンと転がって腹を見せ始めた。

▼街のいたるところに¡VIVA EL 1° DE MAYOと書かれた看板があって、いったいこれは何なのだろうかと気になった。

看板の意味は「五月一日万歳」。いわゆるメーデーの告知だ。この日を「労働者の日」と定めている国は少なくないし、日本でも一部の労働組合などによるデモ行進が行われているから、ご存知の方も多いと思う。

看板以外にも店にポスターが貼られていたり、壁に落書きがあったりして、多くの人がメーデーを待ち望んでいるように思える。社会主義国におけるメーデーは、どうやらかなり大切な日のようだ。近所の店のご主人に聞くと、当日は友人たちと行進するらしい。せっかくなので参加させてもらうことにした。

五月一日の早朝。デモに参加する人は、それぞれのグループで決めた集合場所へ集まり、そこから革命広場を目指して歩いていく。

社会主義国のデモ行進というと、全員の手足の動きがぴったりと合った一糸乱れぬものを想像してしまうのだが、ここハバナで見た行進は、デモ行進というよりパレードといったほうがよさそう。

学校単位で参加している生徒たちだったり、ご近所さんでつくったグループだったり、職場の仲間同士だったりと、行進する人もそれぞれ。プラカードを持っている人、ギリシャ国旗を掲げている人、はたまた怪しげなコスプレをしている人、なぜか他の国の国旗を持って歩いている人。何か特別に決められたルールがあるわけではなく誰もが自由気ままに参加してパレードを楽しんでいる。

誰かに押しつけられるのではなく、自分たちで自分たちのことを祝う日なのだな。だからみんなこれほど楽しそうなのだな。そんなことを思った。

▼朝早くハバナの街をぶらぶら散歩していると、公園やビルの片隅に大勢の若者が座り込み、スマートフォンやタブレットを夢中で覗き込んでいる光景に何度か出くわす。

何をしているのかと聞いてみると「インターネットだよ」という答え。

画面を見せてもらっても、特に変わったことをしているわけではない。音楽サイトから好きな曲をダウンロードしたりSNSに写真を載せたりと、いたって普通の使い方。わざわざ公園にまで来てやることではないようにも思える。ところが、彼らにはここに来なければならない理由があるのだ。

実は、キューバの家庭にはインターネット回線が殆ど普及していない。

外国人向けの高級ホテルやビジネスセンターを除けば、これまで一般の人がネットへアクセスできる機会はなかったのだ。

ところが去年、ハバナ市内のおよそ三十か所に有料のワイファイが設置され、お金さえ払えば誰もが自由にネットにアクセスできるようになった。若者たちは少しでも電波のいい場所を確保するために朝早くからこうした場所に集まっているのだ。

国営の電話会社で専用のカードを購入し、そこに書かれたIDとパスワードを入力すれば、すぐにインターネットにアクセスすることができる。利用料金は一時間あたりおよそ二ドル。平均的な月収が二〇ドル前後ともいわれるキューバの人々にとっては、決して安い金額ではないし、カードの購入には身分証明書やパスポートが必要で、誰がどこにアクセスしているのかは全て把握されている。それでもネットにアクセスできるというのは、若者たちにとってはたまらない魅力らしい。

一九五九年のキューバ革命以降、時が止まったとも言われる街の片隅で、若者たちは今、接続時間を気にしながら世界につながる楽しみにはまっているようだった。

（初出　NHK『チョイ住み』WEBサイト）

同じ歌を口にすれば

ここに出てくるハワード・ジョーンズのライブがいつのことだったかのかが思い出せず、ネットで調べてみたところ、おそらく二〇一二年二月のビルボード東京で行われた来日ライブのようである。冒頭に「三年も前の」と書かれているので、どうやら二〇一五年に書いた文章らしい。当時の僕に何があったのか、二〇一五年にしては無駄に感傷的ではある。

もう三年も前のことなのに、ハワード・ジョーンズのライブに行ったことを急に思い出した。

友人の家で初めて聞かされたブリットテクノポップ。それがハワードの「New Song」だった。まだ十二歳だった。それ以来、あのイントロの単純なリソが、ときどき頭に流れるようになった。そしてそれは、のちに僕が音楽業界で働くようになったきっかけの一つになった。

久しぶりに見たハワードは、もうあのフサフサしたブロンドではなく、明らかに少なくなった白髪を、それでも天に向かって垂直に立てていた。この歳でもまだ戦ってるんだぜ、そんな笑顔をときどき見せていた。とてもいい感じに歳を重ねているようで、きっともうすぐ「かわいいお爺さん」になるんだろうな、などと思いながら、僕は彼の演奏を聞いていた。やがて「New Song」の演奏が始まった。

そう、あのイントロ。あのイントロが流れ始めるのを聞いて、僕は思わず涙が出そうになった。たぶんここ一年の間にずいぶんと弱ってしまった僕の心に、かつて感じていた未来への希望が流れ込んだのだろう。会場にいたみんなで一緒に歌った。僕の頭の中は完全に空っぽで、何も考えず、ただ口から出てくる言葉を大きな声で歌っていた。不思議なことに歌詞をまだ覚えていた。本当に気持ちがよかった。

ハワードが目の前に来て僕を見た。僕はハワードに向けて歌う。ハワードと一緒に懐かしい曲を歌っている。それがとても嬉しかった。お前、三十年後にハワードと一緒にその曲を歌うんだぜ。ちゃんと覚えておけよ。

いつもはトゲのように頭の片隅に刺さったまま、少しずつ僕にダメージを与えている様々なものごとの断片が、いつの間にかぜんぶ消えていて、僕は何も考えることなく、ただ声を出していた。ただ歌っていた。

楽器を触り始めると、つい時間が経つことも忘れて、何も考えずにずっと音を出し続けているあの感覚。しばらく忘れていたあの感覚を僕は思い出していた。

そしてハワードは歌った。まもなく一年になる被災地に向けて。

Building Our Own Future
Don't give it up to the fates and force around us,
We decide between the in and the outside
All deserve to live in a world that welcomes every single birth.
So take a stand, in this place,
Cos' we're building our own future,
Just one by one, day by day,
Free to choose a life that's better for all of us.

そうだよね。一つずつ。一日ずつ。ゆっくりと僕たちはもう一度未来を作っていけばいいんだよね。

僕が音楽業界を離れてもう十五年以上になる。けれども、今でも僕は音楽が大好きだ。No Music, No Life. という箭内さんのコピーは本質をついている。そう、僕たちは呼吸するように音楽を聞いている。リズムに酔いメロディに浮かれ音圧に震える。叫ぶような歌声に心を揺さぶられて、うつむいていた顔を上げることが出来る。それまでじっと閉じこもっていたドアを開けることができる。

政治家も役人も、昨日と同じ明日を並べておけばそれでいいと、他人も自分もごまかしながら逃げ切ろうとしている。そんな連中は放っておけばいい。

誰もが同じ歌を口にするとき、ついに世界は変わる。僕はそう信じている。もちろん、その歌が常に音を伴っているとは限らない。たった一つの言葉かも知れない。心からの叫び声かも知れない。本気で願えば世界は変えられるのだと、未来は創れるのだと思いたい。今はまだ、なんとか立ち上がるだけで精一杯になっている人たちと、いつか同じ歌を歌えるように。

そういえば、ハワードのプレイは年相応で、ちょっとグダグダだった。

何度も書くが、うちの亡き祖父は殆どのものごとを「そんなもん、知らんがな」と「わしには関係あらへん」ですませていた。

就活生っぽい子に「まあ普通、会社ってのはさあ……」と語り出す年配者の声がちらっと耳に入る。会社によってぜんぜん違うのに「普通は」なんて言われたら、就活生が誤解しちゃうだろうなあと思う朝のサイゼリア。僕は七社くらい経験したけど全部まるで違う。

今年がもしも午年だったら「ホースとともにあらんことを」っていう人だらけだっただろうな。

演出家が「このできそこないが！　荷物まとめてさっさと帰れ！　この大根が！」って怒鳴ったら、役者が「俺は大根が好きだ！」って半泣きで怒鳴り返したの、論点はかなりずれてるけどちょっといいなって思ってた。

埼玉と群馬の間に、これまで知られていなかった県があることがわかりました。新しい県の発見に、周辺の住民からは驚きの声が上がっています。

好き嫌いの表明は個人的なものなのだから、反社会的なことや法律に触れるようなことでなければ、自分の好みを他人に強制しちゃダメだよねって話なんだけど、そこまで平たく書かないとわからない人もいるみたいだから、やっぱり面倒くさいなと思った。

謎の深海生物って、たまにベッドの下や洗濯機の裏側などにいる。

鴨「どうも、こんにちは」
人「担当者は？」
鴨「誰ってわけでもないんですけど、Aさんかなあ」
人「Aですね、ご用件は？」
鴨「べつに用事は無くて、ぶらりと遊びに来ただけなんですけど」
人「……」
いろんな会社が、だんだん遊びに行きづらくなっていく。ぶらりと人がやってくるほうが、ぜったいに面白いのになあ。

自分や自分の周囲の数人、せいぜい十数人〜数百人くらいが体験しただけのことを「僕らの若いころは」「東京では」「日本では」「欧米では」「海外では」なんて言ってしまっていることがあって、思い出すと恥ずかしい。

ありたい

自分のこと
世界のこと
いま自分のいるこの場所のこと
考えていること
通り過ぎてきた場所のこと
傷つけてきたこと
どうあれば良かったのか
いつも問題を出す人ばかりで
答える人はあまりいなくて

隣にいる女の子が
何を考えているのかさえわからない
もっとわかりたいと手紙を書いたら
手足が伸びて背が伸びた
あれほど傷だらけになっても
僕は優しくできたのだろうか
いつかそうありたいと願うけど
なんだってうまくいかないのだし
それを知るために
音楽や小説や
映画や絵画があるのだろう

失くすと困るから、免許証や保険証なんかは必要なときだけ現物を持ち出して、何かあったときのために普段はコピーを持っている。

ヤクルトのふたを一回できれいに剥がせなかったときの敗北感。

一冊の本が企画されてから読者の手に届くまでには、本当に多くの人が関わる。僕は本をつくるチームの一人で、あくまでも中身を書く担当に過ぎないから、はいこれが僕のやった仕事ですとはなかなか言いづらい。テレビ番組や広告や音楽も同じ。一人でやっていることなんて殆どない。

何かを無くせと主張する人は、その主張を証明したいがために、わざわざその何かを悪用してみせることがある。でもそれは、その人たちが悪いという証明にしかならないし、悪用する方法を次々に例示している時点で、悪意に染まりつつあると気づいた方がいい。

「今年の一文字」ってその一年を振り返って年末にやるよりも、年初に「今年はこんなふうになるといいね」で選ぶほうがいいかも。

こう見えて僕も若いころは、かなり若かったんだよ。

目が見えないのに、腕が無いのに、車椅子なのに、事故に遭ったのに、日常生活も大変なのに……。すぐ「のに」を入れようとする人たちを相手に「のに」なんかいらない、「のに」を取れと言い続ける。言い続けるしかない。

ある植物学の先生がいつも緑色のスーツを着ていることに驚いていたんだけど、横浜市緑区に住んでいると知ってから、この人はもしかしたら単なる変な人なんじゃないかと思い始めて、妻の名前がみどりさんらしいと聞いて、変態だと確信した。

四年かけて鍛えて十秒で勝負が決まる。五輪の短距離走は儚い。

たいていの場合、ものごとは隠すより隠さないほうがいい結果になる。どんなに厳しそうな事案でもどんなに怒られそうなことでも、隠しているよりはちゃんと伝えたほうがいい。そのほうがうまくいく。それでダメになるのならそれは最初からダメなことなんだ。

カロリーやらお寿司やらの話

食材には旬がある。魚にせよ野菜にせよ、その時節に食べるのがいちばん美味いのだ。今の季節であれば、鱈、金目鯛、牡蠣、白菜、明日葉あたりが旬であろうか。ちなみに炭水化物の旬は深夜である。午前二時から三時ごろにかけてのカップ麺やおにぎりは最高に美味い。まもなくその刻である。

さあ、深夜です。炭水化物が最も美味くなる時間帯です。炭水化物の旬です。旬だから、実質カロリーゼロです。

スーパーカミオカンデの中に神とおかんが隠れているように、炭水化物の中には、化け物が隠れている。最後の二文字に。

カロリーをカロリーではさんでカロリーで揚げたものに、たっぷりのカロリーをつけて食べたい。

きのうネットで見かけたおにぎり丼の画像が頭から離れない。山盛りのご飯の上に乗った大きな白いおにぎり。何から何まで謎の丼。ああ、食べてみたい。炭水化物は正義。カロリーは勇気の単位。

シュークリームは少し齧ったところからクリームだけをチューチュー吸って、シューをあとから食べれば、もはやシュークリームではないから実質カロリーゼロ。

ダイエットには水分をたくさんとったほうがいいよと教わってからは、スープを最後の一滴まで残さず飲み干すことにしている。ダイエット中のラーメンはダイエット中だから実質カロリーゼロだし。

チャーハンは名前に「ハン」がついているのでハンバーグなどと同様、実質カロリーは二分の一。さらに半チャーハンは名前にハンが二つつくので実質カロリーゼロ。何杯食べてもカロリーゼロである。

一流のカロリストは、もうこれ以上無理というほどお腹いっぱいに食べてからが勝負。そこから焼きそばや天ぷらうどんといった重めのデザートや、アイスクリームやホットケーキなどの軽めのデザートをどう組み合わせていくかでセンスを問われるし、食後のポタージュスープが勝敗を分けることもある。トップ・カロリストにオフなどない。

台風が来て気圧がぐんぐん下がっているから、どれだけピザを食べても実質カロリーゼロ。

カロリーは正義です。

「好きなスイーツはどれ？」アンケートの結果、一位はお寿司にしました。

お寿司とお風呂とお布団が好きです。寿司に埋もれて暮らしたいしお風呂でふやけてしまいたいし、お布団の中で一生を終えたい。

お寿司屋さんの何がすごいかってさ、味見しないで出すんだよ。勘と感覚と経験だけで味のバランスを調えるんだよ。すごいよねえ。

かつて、かっぱ寿司では、寿司はベルトコンベアではなく、川に流されて客の元へと届いていた。

ザハが設計した新国立競技場のことを好きじゃないっていう人に、僕はいまひとつ問題点がよくわからないから、寿司で説明してくれって頼んだら「イカ」って言われた。イカなのか。イカだったらいいじゃん。

ジム・キャリーが好きです。ジョン・ジムはもっと好きです。でも、お寿司がいちばん好きです。

はやく完成させてスシの暗黒卿になりたいがまだですし。

ラグビーのルールを教えて欲しいと言われたので、お寿司で説明しようとしたんだけど、買って来たパックのお寿司では一チームすらつくれなかった……。

ラッシュアワーの電車で寿司詰め状態になると「ああ、いま僕は寿司だ……」って少し嬉しくなるくらいには麻痺してます。ネタはタコがいいです。

育てていた稲がついに穂をつけた！　偶然、近所のお寿司屋さんの大将に会ったので、この写真を見せたら「おお、かわいいねぇ」って。そう、かわいいんだよ。稲かわいいよ稲。

巻き寿司の四天王といえば、河童巻き、干瓢巻き、鉄火巻き、新香巻きですが、それでは、にぎり寿司の七武神といえば？

寿司は家族です。それなのに、人間はなぜお寿司を食べるのか。

常にお寿司とは真剣に向き合い、一貫ごとの出会いを大切にしたいものである。

そこからしか始められない

絶対に反撃できないことがわかっていて、しかもかなり弱っている相手を、よってたかって自由にサンドバッグにするのって、さぞかし気持ちがいいだろう。反撃できない相手を、痛むことのない拳で繰り返し殴る行為は、弱者やマイノリティーの気持ちや立場を踏みにじる暴言を吐くのと同じことだ。どうして、それがハラスメントと呼ばれないのかを誰か教えてくれ。

今日、正義の名を借りて明らかな悪に義憤をぶつけ、その溜飲を下げようとする者たちは、明日になれば、同じ正義の名のもとに、弱者の排除を始めることだろう。痛まぬ拳を振り上げてニヤニヤと笑いながら、明日になれば同じ正義の名のもとに、あらゆるマイノリティーの存在をこの世から消し去ろうとするだろう。バカバカしい。本当にバカバカしい。

まずは、貧困に苦しんでいる女性たちに、投げつけようと手にしているその卵をあげることを考えて欲しい。
きっと、そういうところからしか、僕たちは始められないのだから。

気をつけていないと、僕は本当はそう思っていないのに、すぐにいいかっこをしたくなったり、気の利いたことを言いたくなったり、わざと難しい言葉を使ったりしちゃう。でも、本気じゃないのに何か言うと、やっぱり後味が悪い。だからといって本心を言うと、怒られることが多いんだよなあ。

♪～
　姉は夜更け過ぎに～
　百合へと変わるだろう～
　際限～ない
　懲～りない
～♪

今日から泊まる部屋には、なんとウォシュレットがついていてかなり驚いたんだけど、そもそもトイレにコンセントがなくてウォシュレットが動かないことにはもっとびっくりした。

人気が出て、たくさん売れて、お金が儲かるってのは悪くない。というか、すごくいい。ものすごくいい。でも、それを心から必要としている一人にちゃんと届くってことも大切なんだよね。そっちは儲からないんだけど。そしてそれが公共というものなのだと思う。

模様替えのDNA

昔から、テストや発表会などが近づくと、僕は部屋の模様替えをやりたくなる。最初は壁にかけている絵やポスターを交換したり、文房具の置き場所を変えたりという程度なのだが、だんだん日が迫って「いよいよ明日が本番」という日になると、もうガマンの限界。気がつけば、なぜか家具の置き場所を変えたり、壁の一部にペンキを塗ったりと、完全に模様替えモードに突入している。

明け方近くまでかけて模様替えを終わらせると充実感と満足感でいっぱいになるわけだが、ちろん、勉強だの発表だのの準備はまるで出来ていないので、そちらは不安だ。かなり不安だ。とても満足だけれども、とても不安という複雑な心境のまま僕は家を出て、そして当然のことながらテストの結果はそれなりのものになる。

たぶん現実逃避の一種なのだとは思う。それにしても、他にも現実逃避の方法などいくらでもある中で、なぜわざわざ模様替えを選ぶのかは僕自身にもさっぱりわからない。

聞けば、どうやら母もその母、つまり祖母も何か大きなイベントが近づくたびに、やっぱり模様替えをしていたらしい。目の前のものごとから逃げたいときに僕がつい模様替えをしてしまうのは、だからたぶん遺伝なのだ。

幼いころ、定期的に家が大胆に模様替えされていたのは、あるいは祖母の家を訪ねるたびに、どこかしら部屋の雰囲気が変わっていたのは、彼女たちが何かから逃げたいと感じていたからなのだろうか。それはいったい何だったのだろうか。そう考えて、僕はどこか複雑な気持ちになる。

共感できない揶揄

政治に関してはいろんな意見があるだろうし、それぞれ自由に態度を表明すればいいことだけど「○○死ね」みたいなことを言っても何の意味もないし何も解決しないと僕は思っている。たとえその人がどれほど良い意見を言っていたとしても、どれほど素晴らしい行動をしていたとしても、そういう物の言い方をされた時点で僕はその人の言うことを聞く気がしなくなるし、たぶん共感もしない。

まあ、だからといって「それじゃあ過激な物言いをせずに自分の意見をもっと多くの人に伝えるにはどうすればいいのさ？」と質問されても、僕にはうまく答えられません。ごめんなさい。自分で考えてください。ただ、少なくとも僕は呪詛の言葉に集まる人々に共感はしないし信用もしません。

ときおり新聞などにも政治家の名前や見た目や出自などを揶揄するような見出し

が載っている。たぶん見出しを考えついた人は「上手いこと言ったぜ！」と思っているのかも知れないし、中には確かにちょっと上手いなと思えるものもある気はするものの、たとえば首相の名前を揶揄するような見出しを僕がよく行く東北の街の人たちが見かけたら、あの街には文字は違っているけれども首相と同じ姓の人がたくさんいるので、その彼らが見かけたらあまりいい気持ちはしないだろうなと思っている。

僕はそれがどういう組織であれ、組織のトップで強い権力を持つ人たちのことはみんなでちゃんと見張っておかなきゃダメだと考える者だし、できるだけ、おちょくって、からかって、笑いのネタにして、ときには怒らせるくらいでいいと思うけれど、本人が自分でもどうにもできないことを揶揄するのはあまり好きじゃない。まして や「○○死ね」なんておもしろくも何ともない。

いちばんすごいのはネタにされた本人も思わず噴き出してしまうようなおもしろい言い回しで、とても難しいだけにこれこそ優秀なコメディアンの腕の見せ所なのだが、見せるだけの腕がないのか今のところまだ誰も見せてはくれない。

そして、これはもう言わずもがなのことだけれども、強い権力を持つ者が呪詛の言葉を口にするのは共感以前の問題で、どうしても言いたいのなら、持てる力を手放してからにして欲しい。

借り物の言葉と他者の意見と世間の感情。それらがまるで自らより生じたかのごとく思い込み、振る舞い、糾弾し溜飲を下げる。紛れもなく心地良いことであろう。だがそうやって高く拳を振り上げても、己が周りにある日々は変わらない。何かを本当に変えるには些事を丁寧に自身で積み上げるほかない。

なぜラジオのパーソナリティは、まったく話題がつながっていないときにも「というわけで」と言うのだろうか問題。

「若冲展、五時間並ぶらしいけど若冲本人は来ないんだよ？　わかってる？」っていうお馬鹿ツイートに「だから何ですか？　作品を観に行っているのですよ？」という、とてもまじめなお返事をいただいた。

子どものころ近所のたこ焼き屋さんでは、たこ焼き十個百円、紅ショウガ入りは百二十円、タコ無しは七十円だった。さらに、小麦粉を溶いた水を焼くだけという「卵なし」ってのもあった。値段は忘れちゃったけど。五十円くらいだったと思う。

欲しいものや気になったものを片っ端からカートに入れて購買欲求をさんざん満足させたあと、合計金額を見てしばらく震え上がってから、うっかりレジに進むボタンを押さないように気をつけながら１つ１つ削除してカートを空っぽにするのが、Amazonの正しい使い方。

僕はだいたい週に六〜七日くらいの頻度でスランプになるし、月に四〜五週はその状態。

就職活動の相談を受けて困っている。僕はいわゆる就活をしていないし、二十歳くらいのころは自分のやりたいことも、自分には何ができるかもわからなかったから、たまたま声をかけてもらったところだとか、ひょんな縁で始めたことなんかを面白がってやって来ただけで、たぶんこれからもそう。

今日は山の日だからおやつにモンブラン食べる。

昔のアクション邦画にはどうみても横須賀なのにサンフランシスコっていうテロップが入っていたしそれでいいと思う。

きょう昼食をいただいた店。カウンター席に座った僕が食事をする様子を、すぐ前のカウンターの向こう側に立った店員が、六十センチほど上からじっと見つめてくるので怖かった。食べづらかった。

ここのところ、「文化」とか「歴史」って何なんだろうって考えているのだけど、過去・先祖から受け取ったもの、もらったものと捉えるよりも、未来・子孫から預かっているもの、借りているものと捉えたほうが、いろいろとうまく行くんじゃないかという気がしている。もう少し考えてみたい。

山は、登っているときよりも、下っているときのほうが、景色がよく見えると感じることがある。たぶん人生もそうなのだろう。生き物の一生が登山だとすれば、僕ももう下山の道を歩いている。降り始めてから気づくことってたくさんあるよね。実家は山にある。今年は帰れなかった。来年は帰れるかな。

オリンピックの競泳を見て、最初に僕が思ったのは「この人たちは泳ぐのがうまいなあ」ということでした。

その季節

『猫たちの色メガネ』を発売したときにおまけの特別編として、ほぼ日のTOBICHIにて配布した掌編。


運転手が声を上げるのと同時に急ブレーキが踏まれて、矢部の体はかなり強い力で前へと引っ張られた。シートベルトをしていなかったら、まちがいなく助手席の背に顔をぶつけていただろう。

「すみません」運転手は肩をすくめながら振り返って小さな声で謝る。「あれが飛び出して来たもんですから」

矢部は運転手の指差したほうへ目をやったが、陽が沈みかけていることもあって、薄暗い光の中では何がいるのかはよく見えなかった。

「猫ですよ、黒猫。ほらそこ」

もう一度目を凝らす。たしかに猫がいた。停まったタクシーのすぐ前の道脇に、ちょこんと座った猫のシルエットが浮かんでいる。矢部の口元が緩んだ。住宅も工場もなく、殆ど車も通らないこんな田舎の道なのに、どうしてわざわざ車が通るタイミングで飛び出すのだろう。まったく猫ってやつは。

矢部は窓を開けた。虫の音とともに湿った枯れ草の匂いが車内へと入ってくる。それはどこか懐かしい匂いだった。

「びっくりしたぞ。お前はどこの子なんだ?」

窓から顔を出すようにして優しく声をかけるが、もちろん猫が答えることはない。黒猫はしばらくその場でこちらを見ているようだったが、やがて草むらの中へと消えていった。

「うっ」体を戻そうとして思わず呻き声が出た。シャツを捲り上げると、先ほど激しくシートベルトの食い込んだ部分が赤く腫れている。

「申しわけありません」運転手は、こんどははっきりとした声で謝った。

「そろそろ季節だから気をつけてはいたんですが」

「大丈夫です。黒猫は見づらいですよね」矢部は頷いた。

タクシーが走り出すと、窓から冷気が流れ込み始めたので、矢部は慌てて窓を閉めた。

つい先日まで夏だったはずなのに、陽の暮れる時間は日毎に早まって、もう秋というより冬の訪れさえ感じさせる。

「どうやら例年より早いようです」運転手は困ったように首を左右に振った。

いやいや、そんなことはないだろう。矢部は噴き出しそうになる。春分、秋分、夏至、冬至。暦は日の長さから作られている。例年、殆ど変わらないからこそ、暦が成立するのだ。

「いえ、猫ですよ」運転手は不思議そうな顔をして、ミラー越しに矢部をチラリと見た。

「猫?」

「ああ、お客さん、土地の人じゃないんですね」

「出張ですよ。ここは初めてです」

矢部はシートに深く腰をかけ直し、背もたれに体重を預けた。ぼんやりと眺める窓の外の景色は、どこにでもある盆地の風景だ。遠くには薄紫色をした夜を背景に大きな山脈のシルエットがどこまでも広がり、星が一つだけその上で光っていた。

すぐ近くには、まるで地面にぽんと置かれたような小さな山が、やはり真っ黒なシルエットになっているのが見える。

　ふいにタクシーがスピードを落とした。殆ど歩いているような速度になる。

「どうしたんです？」

「このあたりは気をつけないと」

　ガクッ。いきなりブレーキが踏まれた。ハンドルが大きく切られて、体が斜めになる。

「ちょっと！」矢部は声をあげた。

　さっきの急ブレーキはしかたがないが、この荒っぽい運転は何だ。

「だから猫です」

　ガガガッ。またブレーキだ。いい加減にしてくれ。これじゃ酔ってしまう。矢部は運転手に文句を言おうと、上半身を前に乗り出した。

　ヘッドライトに照らされた道を何かが横切るのが視界の端に映り、矢部の視線はフロントガラスの外へ向けられた。なんだ今のは？

「だから猫です」

　また横切った。今度は矢部にもはっきりと見える。確かに猫だった。次々に黒猫が現れては右から左へと車の前を横切っていく。

これは、どういうことだ。なんでこんなに猫が飛び出してくるんだ。それも黒猫ばかりだぞ。

「さあ、ここからですよ。しっかり掴まってください」運転手が大声を出した。飛び出す猫の数はどんどん増え、ついには一度に何匹もの黒猫が同時に飛び出し始めたのを運転手が巧みなハンドルさばきで避けていく。

「うわあ」前を見た矢部は思わず悲鳴をあげた。黒猫が濁流のようになって、道を渡っていく。ハンドルを取られた車がずるりとタイヤを滑らせた。

なんだよなんだよなんだよ。どうして猫がこんなにたくさんいるのだ。

「そりゃあ、渡り猫の季節ですからね！」両手でしっかりとハンドルを握りしめたまま運転手が叫んだ。

激しく揺れる車内から、矢部は窓の外を見た。すぐ近くにあったはずの小さな山のシルエットが、半分くらいに減っているように思えた。


（初出　ほぼ日・ＴＯＢＩＣＨＩ配布プリント　二〇一七年十月）

きのう見た夢、すごくいい感じで盛り上がっていたところに変なコピーのテロップが入ったので、うわあああって びっくりして目が覚めた。夢にテロップが入ったのは初めてかもしれない。

みんな毎日いろいろあって、それでも僕たちが抱え込んだ時間はご飯を食べたり笑ったりという日常の中に染み出すように溶けていくし、突き抜けた笑い声をあげられないときには俯いたままニヤリとしてみせるよりほかない。

ああ、もうあと二人くらい僕がいたら！　と思ったけど、たぶん、僕も含めて三人とも仕事から逃げて家から一歩も出ずに海外ドラマ見たり本を読んだりするから、単にダメ人間が三倍になるだけだと気づいた。僕じゃない人が二人くらい必要だった。

僕はかなり自分に甘いほうの人間だけれど、もっともっと甘くありたい。水飴くらい甘くありたい。

若者の車ばなれ。消費者の鰻ばなれ。ランナーの肉ばなれ。新人のばなれ。

それほど咲いてもいない公園の桜の樹の下でデロデロに酔っ払ってた大学生たちが、あたり一面にゴミを散らかしたまま立ち去ろうとしているのを見ると、僕の中の金さんが「あの者どもにこの桜吹雪を見せてやれ」と騒いで収まらないけど、桜吹雪は僕の中の金さんにしかなくて僕にはないから見せられない。

なんだか最近はＮＨＫも「数字が取れる企画を」みたいなことばかり言うようになって、ちょっとがっかりしてる。偉い人が「数字」ってうるさく言ってるのかなあ。もしも数字ばかりを追っていたらダイオウイカなんて撮れなかったんだよ。少なくとも偉い人にはそのことをわかっておいて欲しい。

楽器店のアンケートに「好きな食べ物はなんですか？」ってあったのが謎。なぜそれを知りたがるのか。まあ、ここは以前「好きなモビルスーツは？」って聞いてきたところだからしかたがない。

自己責任というのは、たとえどこで何があろうとも自分は一切の責任を取りたくない人が口にする言葉なのだと思う。

カレーパン

カレーパンの中には小さなインド人の家族が住んでいて、パンの中でどんどんカレーをつくっている。昔からずっとそうだ。

カレーパンの中で小さなインド人の家族がつくるカレーは、カレーパンを食べる人だけでなく、まわりの村の人たちにまで評判が知れ渡り、いっときはおいしいカレーを求めて、そのカレーパンの前に百人近い数の人が列になって並んでいたことさえあった。

カレーばかりを食べてパンを食べない人のことを、おかあさんはいやがっていた。パンを食べなければカレーパンじゃないのにと、よく文句を言っていた。

小さなインド人の家族はカレーづくりが忙し過ぎて、ずっとカレーパンの中にいた。お休みもなくて、なかなか外に出かけることができずに困っていたのに、おとうさんが、うっかりカレーパンの中で愛人に店を持たせたりしちゃったもんだから、カレーをつくるほかに愛人の店の経営のことまであれこれ考えなければならなくて、それはもうたいへんな忙しさになってしまった。愛人の店の商売はあまりうまくいかなくて、途中からは、愛人もカレーをつくり始めたので、ますますたいへんなことになった。愛人のカレーにはニンジンが入っていない。人にどうしてなのかと聞かれるたびに、愛人はニンジンがきらいだからと答えるのだった。

こうしてついに、おとうさんはとても混乱したあげく、やけっぱちになって、プロ野球の球団を買ってきて運営するなんて言い始めた。みんなが反対したので、結局、運営はしなかったのだけれども。

そして五十年が経った。カレーパンのまま五十年が経った。

カレーパンの中に住む小さなインド人の家族たちは、この五十年間、一度もカレーパンの中から外に出ることはなかった。そして、さすがに五十年の月日が流れたので、みんなすっかり加齢していた。

死にたいと言えたなら

これは二〇一四年に放送されたＮＨＫ『ハートネットＴＶ　二十代の自殺』用の動画を制作したときに書いた文章です。書いてから四年が経ちましたが、今でもこの気持ちは変わっていません。

二十代に向けて書いたものですが、いま二学期を目の前にして、どこか暗い気持ちになっている十代の人に対しても同じ思いでいます。「死ぬな」だとか「がんばれ」だとか、そんなことは僕には言えません。でも、もしも死を考えたことがあるのなら、そういう気持ちを感じているのなら、一度どこかへ吐き出して欲しいな、吐き出せるといいね、そんなふうに願っています。

「二十代の自殺」について考えるキャンペーン用の動画をつくりたい。ＮＨＫの方からそんなご相談を受けて、僕に出来ることがあるのだろうかと悩みながら会議に参加した。

当事者に取材をしているディレクターたちの話、番組を通じて世の中にメッセージを発信していきたいというプロデューサーの想い、そして番組に寄せられた膨大な数のメールやメッセージ。会議が進むにつれて僕の手帳のページには単語と絵がどんどん増えていく。やがて僕の手が止まった。自分で書いた言葉の中から「どうして僕は死なないのだろう」という文字が浮かび上がってくる。そして、その横に大きな文字で「?」。

そう。僕にはわからない。それだけが僕に言えることなんだ。

正解のないことがらは、いつだって僕たちを不安にさせる。何者かになりたいともがきながら、けっしてそうはなれないことを知ってしまったときの、あの感覚。独りぼっちで、どこにも逃げようのない暗く長い道を見つめながら、選ばなかったほうの道を歩く自分の姿を思うときの、あの感覚。

だから僕たちは死にたいと思う。何も感じないまま生きているなら死にたいとは思わない。「死にたい」というのは「生きたい」ということ。心の中に強い感情があるということ。みんな優しくてまじめで、だからこそいろいろなことを感じて死にたいと思う。

どうすればいいのか、何が正しいのか。それは僕には分からない。僕たちは、なぜか生き、なぜか死ぬ。どちらがいいとは僕には言えない。正解なんてないのだから。あの感覚を知っていれば死ぬことが悪いなんて言えない。生きていればいいことがあるとも限らない。僕だって今たまたま生きているだけだ。だから僕に出来ることは何もない。

だったら僕は、ただその気持ちを知っていることを伝えよう。あの感覚を知っていることを伝えよう。けっして何かの答えを出すのではなく、どうすればいいのかわからないまま、その場で立ち止まって悩み続けているあの感覚を。

もしも「死にたい」というひとことを口にできれば、世界はほんの少しだけ変わってくれるかも知れない。もしも「死にたい」というひとことを耳にすれば、世界をほんの少しだけ変えたくなるかも知れない。誰かが誰かのことを想う気持ちは、まだ確実に世界に存在している。少なくとも僕はそう信じている。

（初出　ＮＨＫ『ハートネットＴＶ』特設サイト　二〇一四年八月）

力の弱い者は社会から切り捨てても構わないと考える人が増えているように感じている。僕はどうしてもその考えには賛同できない。どんな人であろうとも、そこにいるだけで充分なのだ。

子供のころ、上様が「市中引き回しの上、打ち首獄門ッ」って言ってるのを聞いて、打ち首獄門はなんとなくすごく厳しい処罰だってわかっていたんだけど、どうしてその前にシチューを体にかけるのかがわからなかった。熱したシチューはものすごく熱いからなんだってわかったのは、大人になってから。

一流の方向音痴は、たとえ地図を見たところで、自分が今どこにいてどこへ向かっているのかがわからないし、的確な指示を出されても言うことを聞かずに自分の勘を信じて動くので、カーナビなんかいらないし、あったらむしろ混乱するから危険。

最初から最後まですんなりわかるようなものは退屈だって、アメリカの映画監督の誰かが言ってた気がするけど誰だったかが思い出せないし言ってないかも知れない。

ニュースの多くは、悲しいこと、酷い出来事、つらい事件と暗い話が占めている。明るいものはとても少ない。毎日みんながイヤな話題ばかりに接していると、いつの間にか全体がイヤな気分に覆われる。接していないつもりでもメディアはみんなの心にこっそり色をつけるから、週に1日だけでいいので、楽しいニュース、ホッとする話題、おもしろい出来事しか扱わないニュース番組や新聞があればと思う。

ディレクターに「明日の朝はそんなに寒くないので、海沿いの町で日の出の前後を三時間ほど撮ってきて下さいね」と言われて朝の五時ぐらいからずっとカメラを一人で回してるんだけど、風がすごく吹き付けてめちゃくちゃ寒い。気温が氷点下じゃなかったら寒くないっていう発想はやめて欲しい。

どこか諦めに近い感覚を持っているので、基本的に政治的なツイートに興味がないのだけれど、それでもときどき流れてくるツイートを目にすると、政治家にも自分の考えややりたいことをツイートしている人と、他の政党や政治家の悪口ばかりをツイートしている人の二通りがいるのだなあと思う。

成分

　先生は、それまで服の下に隠していた四本の手を出すと、思いきり伸びをした。

「ああ」気持ち良さそうな声だった。ずっと隠していたので、四本の手は少しばかり硬くなっているようだった。

　隠していなかった二本の手と二本の足を合わせると全部で八本。先生はそのうち六本の手に、それぞれドリルとペンチと掃除機とペンとノートを持った。

「それじゃ、歯石をとるよ」先生はそう言って、頭から飛び出た目玉で、僕の口の中を覗き込んだ。そう。先生はカニだった。

「どうしてカニなのに歯医者をやっているのですか？」僕は聞いた。

「手がたくさんあるからだね」先生はそう答えた。

「それだけですか」

「それだけだね。あとはキチンだね」

「何ですかそれは？」僕は聞いた。

「カニの成分だよ」先生が言った。

「それは歯に関係があるのですか？」

「どうだろうね。わからないな」先生はそう言ってノートに何かを書き込んだ。

治療が終わったので、僕は白衣を着たままの先生を片手の指でつまんで、お湯の中に入れた。先生はすぐに赤くなった。


（初出　ＭＩＣ『はなはなし』第四号。二〇一五年。

歯科医院に配布されているフリーペーパー）

お布団への誘《いざな》い

二度寝したのに、なぜまだ眠いのか？

その謎を解明するため、取材班は再びお布団へと向かった。

お布団に入ることを入団、お布団から出ることを退団といいます。二度寝のことをダブルベッダーといいます。

「おれ、お布団に入団しても、きっとすぐに退団するんだ……」

お布団の旬は夜なのですが、朝のお布団もまた良いものであるし、昼のお布団も味わいがあることよなあ。

お布団は魔物。お布団は迷宮。

もうまもなく締め切りだというのに、どうしてここでピタリと手が止まり何も考えられなくなってしまったのか。その謎を探るため、取材班はお布団へと向かった。

旅行会社からのアンケート「いま一番行きたいところは?」に「お布団の中」と答える日曜の夜。

そして僕は愛するお布団と別れ、仕事場への旅に出たのでした。今でもときどき、お布団のことを思い出します。

オフトゥンは冬の季語。

お布団から出たら負け。人類は常に負けっぱなしなのだ。

人が鏡をのぞき込むとき

何かあると、すぐに僕は自分が何者であるかを知りたがり、安易に答えを手に入れようとする。

テスト、比較、評価、占い、診断。

けれどもその答えが正確に僕自身を表している必要はない。むしろ、正確でないくらいで構わない。僕が欲しいのは正しい答えではなく、心地良い答えなのだ。

鏡をのぞき込むとき、人は無意識のうちに自分が一番美しいと思う表情をつくっている。

だから僕は自分の本当の顔を知っているようで、案外知らない。

有識者っていう人たちの会議や発言を見聞きするたびに、実は有識者って、何か専門的な知識があるんじゃなくて、単に意識はありますよ、寝ていませんよ私たちっていう程度なんじゃないかという気がしてきてモニョる。ぜんぜん違う分野の集まりにも、よく同じ人がメンバーになっている不思議。

世界はまるで自分の外側に果てしなく広がっているように思うけれど、その世界を感じているのは自分自身。だから、世界のすべては自分の中にある。それはけっして他者とは交換できないもの。そして、自分自身が消えれば、自分にとっての世界は消える。あとかたもなく。泡のようでさえもなく。

願わくば、いつも口ずさむのは希望でありたい。誰かを罵る呪詛などではなく。

昨日「ひょいっと全部を捨ててその場を去れるか」というような話をして、それがずっと頭の中に残ったまま、なんとなく雑然とした部屋の中を見回した。もしも何かあったら、僕はこれらをぜんぶここに残して、すぐにこの場を去れるかなあ、などと考えながら。

僕は、日本のおばさんは「そう」を四回言う説（「そうそうそうそう」）を唱えているんだけど、中国のおばさんが「トエトエトエトエ」、フランスのおばさんが「ウイウイウイウイ」、キューバのおばさんが「スィスィスィスィ」って言ってたので、これはもう定理になると思った。

店頭にカップ焼きそばが積み上がっていて、何だかみんな夢中になっているんだけれど、その焼きそば、焼きそばって言いながら、実は焼いていないんだぜ。

何かをごまかすような言葉が使われたときに、ごまかしのない言葉に置き換えず、そのまま受け入れてしまうと、そのごまかしを手伝うことになるんじゃないか。僕が初めてそんなことを考えたのは「遺憾」という言葉を耳にしたときだった。本質を隠す言葉に思えて仕方がなかった。

新社会人へ伝えたいことを、というお題のご依頼をいただいたのですが、就職している人＝社会人ってわけじゃないよってことくらいで、あとは特に伝えたいことはないのでごめんなさいしました。

縦書きを待っている

僕は原稿を縦書きで書く。

それが原稿用紙であれワープロであれ、縦書きと横書きでは言葉のリズムが違っているように感じていて、それはたぶん僕の思い込みなのだろうけれども、もともと縦書きだったものを横書きにするとどうもしっくりこないのだ。

縦書きの原稿を画像にして貼り付けるというやり方は、実は何度か試したのだ。

それはもう本当に面倒くさいんだ。さすがにこれは本末転倒だと思ったんだ。

だから、いつかｎｏｔｅに縦書きできる機能が追加されるといいなあ。

歳を重ねるっていうのは、自分の中に他者が増えていくってことなのかもしれない。うまく歳を重ねることができれば、自分自身だけでなく、他人の経験したことも少しずつ理解できるようになる。

人生、降ったり曇ったりすごく降ったり積もったり。

公式試合に使われているのはラグビーボールの雌です。雄のラグビーボールはかなり小さいし楕円形ではないので試合に向きません。一部の子ども向けラグビースクールではボールの扱いに慣れさせるために使うところもあるようですが、基本的には雌を使います。雄雌どちらも主な餌は油揚げです。

自動車ってぜんぜん自動じゃないよね。かなり手動車だよね。

ゆるい番組をつくるには、中心を貫く真っ直ぐな芯と、それを守り抜く固い決意が必要。つくり手は不安だから気をつけないとすぐに何かをしたくなる。何かを仕掛けたくなる。でも何もしない。ひたすらじっと我慢する。何もないこともまた大切な日常なのだから。

ダメな犬はいない

僕は内容をまるで知らないままタイトルや装丁だけを見て本を買うことがよくある。いわゆるジャケ買いというやつだ。

タイトルと装丁をよく見れば、ある程度はどんな本なのかの想像はつくからそれほど大きな失敗はしないし、今までまったく興味のなかったジャンルや、あまり知らなかった著者に出会うこともできるので、案外とこの方法は気に入っている。でも、ときには大きく予想を裏切られる出会いになることもある。

今でも覚えているのが中学生のときに買ったバーバラ・ウッドハウスの『ダメな犬はいない』という単行本。書店で見かけて僕はまず「いいタイトルだな」と思った。犬は困った状況にある人のメタファー。どんな状況にあっても僕たちはそこから抜け出せる、そんなテーマの青春小説なのだろう。映画で言えば『マイ・ライフ・

アズ・ア・ドッグ』のようなもの。もっとも当時、まだその映画は公開されていないけれども。ともかく僕は、これはそんな雰囲気の小説なのだろうと思った。ケストナーやクリュスが書く若者を主人公にした小説のようなイメージだ。

真っ赤な表紙に犬のイラストがシルエットのようにあしらわれているのがかわいかったこともあり、僕はそれ以上何も考えずにその本を手に取った。

家に帰ってさっそくページを開くと、最初に「適切な首輪の選択」という文字と首輪の写真が目に入った。なんと、小説だと思っていたら犬の飼い方の実用書だったのだ。ハードカバーの単行本なのに、まさかの実用書。

さすがにこの本は予想と違い過ぎて、読み切るまでに時間がかかった。でも、この失敗のおかげで、翌年我が家に仔犬がやって来たときにも僕はあまり困ることはなかった。もう犬の飼い方はよく知っていたわけだから。

それにしても『ダメな犬はいない』というタイトル。今見てもきっと僕は小説だと思うだろうな。

もともと切り取られている

切り取るという行為について本気で考えると、どうしても話がくどくなってしまう。

僕の目の前を一台の緑色のスポーツカーが走り過ぎたとする。本当はその前後にも車は走っているし、歩行者や自転車だっているし、いろいろな音が耳には入っていて、車の背景には何軒もの店舗が並び、そこには買い物客が出入りし、それは大人だったり小さな男の子だったりするし、店舗の間を抜ける路地があって、その上空にはうっすらと雲が広がっている上に、遠くでは鳥の声が聞こえ、あるいは工事現場のノイズが響き、地面は時雨に濡れたアスファルトで、でも中央辺りはもう乾いていて、公園の木の香りと地面から立ち上る埃の混じった水蒸気が鼻を刺激している。先ほどのスポーツカーだって、全体が緑色ではないし、汚れもあるし、実は片側のワイパーが少しだけ浮いていて、運転手はメガネをかけた初老の男性で、白いシャツを着ている。

目の前で起きていることでさえ、僕はその全てをそのまま伝えることが出来ない。細かく見ればものごとは無限にあって、僕はその中から必要だと思うものを選んで伝えることになるから、実は、抜け落ちているものだらけなのだ。僕は、僕が伝えたいことを伝えているだけだ。

今、僕の目の前を一台の緑色のスポーツカーが走り過ぎた。僕はそう言うが、本当にそうなのか。今、僕の頭の上にはうっすらと雲が広がっている、じゃないのか。今、僕の歩いている道路は時雨で濡れているが、もう中央辺りはすっかり乾いている、じゃないのか。今、僕の近くでは道路工事が行われている、じゃないのか。

あらゆる情報は誰かが何らかの意図で切り取ったものだ。著名人や政治家の言葉の一部をメディアが切り取って、発言の意図を変えてしまうのは許しがたいことだけれども、じゃあ元の発言を全て聞けば意図がわかるのかというと案外そうでもない。それまでの彼や彼女の行動や考え方を含めた大きな文脈の中にその発言の意図はあって、たとえ発言の全文であっても、それさえもやっぱり切り取られた一部でしかないのだ。
あらゆる情報はすでに切り取られた状態で存在している。
一次情報だからといって、あるいは当事者の話だからといって、僕が必ずしも完全に信頼できるとは考えない理由がそこにある。

結局のところ、僕は僕という皮膚の内側から外を見ている。この皮膚の外にある世界や、他の皮膚の内側については想像するしかないのだけれども、想像している僕自身が僕の皮膚の内側にいる限り、その想像はやっぱり皮膚を超えることができない。僕が見ているこの世界の在りようは、僕自身が決めている。

たぶん夏が終わるからなんだろうけど、近所のメガネ屋さんでレイバンのサングラスを値引き販売しているのを見かけて「おいおい、このメガネ屋スパムかよ」って思っちゃったのはここだけの秘密。レイバンの闇は深い。

危機を煽ると商売になる。いつの時代でも。

ふと、子供のころ転んで頭に大けがをしたときに祖父が「早く！正露丸とオロナイン！」って言ったことを思い出した。そういえばあの人たちはだいたい何でも正露丸とオロナインで治していたな。そのほかには「テープで止める」「油を塗る」「おばあちゃんに聞く」。あと輪ゴムとガムテープと画鋲があればぜんぶうまくいく。

以前にも書いたことがあるのだけれども、僕はピアニストにはうまくピアノを弾くことを、美しい演奏を求めるだけで、それが本当に素晴らしい演奏であれば、それだけでそのピアニストを招く価値はあって、あとのことはわりとどうでもいいと思っている。責められるのは演奏が下手なときでいい。

前に組んだバンドは、どんな曲をやろうかっていう最初の話し合いで決裂して、一度も音を出すことなく解散したから、むしろ結成する前に解散したに等しい。

電車の中で大学生がズボンのソーシャルウインドウをフルオープンにしていたので、さすがはデジタルネイティヴだなと思った。

プライバシー保護のため、音声を変えてツイートしております。

近所の子どもに「あのおじさん何してる人なの？」って聞かれて、その親に「しーっ！　あの人と話したらダメよ」って言われながら実はその子たちとは仲がいい、みたいな近所のダメなおじさんになるのが夢。

バスの中にて。
姉「魚が食べたいって、さっきメールしておいたよ」
妹「え？　魚ってメール読めるの！？」
姉「ちがう、お母さんにだよ！」

一時は健康食品通販CM界を席巻していた「酵素」が「水素水」という新人の登場によって、ついに消滅の危機に追いやられてしまったかと思いきや「酵水素」なる新機軸を打ち出していたので、健康食品通販CMやるなと思った。酵素と水素を合体させる発想はなかった。

気を抜くと、つい「ほめられたい」と思ってしまうのです。で、要らぬことをする。ほめられたい人って、かなりダメな感じ。

多くの人に正しいと思われていたことが、実は間違っていたなんてことはいくらでもある。だからこそ、自分の気に入らない意見に対して「それは気に入らない」とは言っても、気に入らない意見を言う権利そのものは守らなきゃいけない。いろんな意見が存在していることこそが社会の強みになるのだから。

僕は沖縄を知らない

沖縄県知事選についてのコラムを依頼されて、実のところ、僕はとても戸惑っている。

僕は周りの人がびっくりするほど、政治については何も考えていなくて、いや、どこか頭の隅の方では考えているのだろうけれども、何かを表立って口にできるほどの知識を持ち合わせてはいないし、きちんと本気で考えているとも言えない。そんな僕が、これまで一度も訪れたことのない沖縄県について、ましてやその知事選について、いったい何を書けばいいのかと、本当に戸惑っている。

僕は沖縄について何も知らない。自分でも驚くほどだ。沖縄といえば、きれいな海とエイサーと独特の音楽とゴーヤーチャンプル。それくらいしか知らない。いやもちろん、もう少しいろいろなことを知っているし、沖縄の抱えている様々な問題についても多少の知識くらいはある。でも、あえて極端に言うとすれば、ふだん僕が考えている沖縄はその程度のイメージでしかない。つまり僕は、沖縄と沖縄が長く抱え続けている問題について、日ごろまったく何も考えていなかったわけだ。

沖縄の県知事選挙が行われる。正直に言うと、そう聞いても僕は何も感じなかった。ふうん、そうなんだ。そんな感想しか持たなかった。そりゃ僕だって、あちらこちらで聞きかじってきた知識や、電車の中吊りで見た週刊誌の見出しを借りてきて、その場限りの何かを言うことくらいはできる。上っ面な指摘をして、国の政策と地元の願いとの矛盾を並べることだってできる。日本の安全保障だとか地政学なんて単語を使うことだってできるだろう。

でも、僕は本当に沖縄のことを考えていたのか、本気で沖縄の問題を知ろうとしていたのかと聞かれると、とてもイエスとは答えられない。そして、それはきっと僕だけではないはずだ。少なくとも僕は今まで、普段の暮らしの中で沖縄の問題について、きちんと誰かと話をしたことがない。もしかすると、沖縄の本当の問題はそこにあるんじゃないだろうか。ここにきて、ようやく僕はそう感じ始めている。

政治に関心のある人に聞くと、沖縄の人たちは怒っているという。沖縄のことを知ろうとしない僕たちに、沖縄をすっかり忘れてしまっている僕たちに怒っているという。申しわけないと思う。でも、これまで僕は本気にはなれなかったのだ。

中途半端な知識ながらも、沖縄の雇用環境が良くないことは僕だって知っているし、在日米軍基地に関して言えば、間違いなく僕たちの暮らしの一部を、それもかなり大切な一部を、沖縄の人たちに押し付けてしまっていることもわかっている。そういう自覚だけは残っている。でも、そのことで沖縄の人たちに感謝をしていたかと言えば、まったくそんなことはなくて、遠いところで何やら大騒ぎしているなあという程度の認識しかなかったのだ。

どうして僕は沖縄に関心がなかったのか。それはきっと、本気で考え出すと切りがなくて、なかなかいい方法が見つけられなくて、沖縄だけに留まる問題でもなくて、そして、今までのところは何とかごまかし続けて来られたからなのだろう。つまり僕は逃げて来たのだ。いま自分が暮らしているこの国のあり方を本気で考えることから。僕には関係のないことだと知らぬふりを装いながら。そのことによって沖縄の人たちが、どんな悩みを抱えているのかには目をつむりながら。

繰り返すけれども、僕は沖縄のことを知らない。メディアを見てもよくわからない。今回の選挙についての報道も、東京から発信されているものと沖縄から発信されているものでは、どうも何かニュアンスが違っているような気がしてならないのだけれども、それじゃあ何が違っているのかと言うと、やっぱりよくわからない。世界の構造は大きく変わり始めた。沖縄を知らない僕でさえ、あの聖域に閉じ込めた様々な矛盾と思惑と立場と事情が、今、少しずつ海を越えて広がりつつあるように感じている。

僕たちは、もうごまかすことを止めなければならないのだろう。わからないと言い続けることはできないのだろう。米軍基地の問題にしても、雇用の問題にしても、ものごとはそれほど単純ではないだろうし、こうしたほうがいいなんていうアイディアが僕にあるはずもない。

メディアで見聞きした生半可な知識で、知ったようなことを言うのはその土地で暮らす人にあまりにも失礼だし、そもそもメディアが取り上げる問題なんて、たくさんの問題の一部に過ぎない。

沖縄には、これまで僕たちがずっと目をつむってきたことが、川藻のように溜まっている。少し淀んでいるそれらを、自分たちの手で掬い取って丁寧に理解しなければ、僕たちは、自分たちが何を目指しているのかもわからないまま、この先を生きていかなければならなくなる。

沖縄県の知事選だから、当然のことながら沖縄以外に住んでいる僕たちに選挙権はない。それでも、いずれ僕たちは一度しっかり立ち止まって、沖縄の問題を本気で考えなければならなくなるだろう。それは今後、世界とどう向き合い、どのように生きて行くのかという、僕たちの未来を考えることにつながっているのだから。考えなければならないことはたくさんある。せっかく関心の高まっているこの機会に、僕も沖縄について、まずは少しでも知ることから始めようと思っている。

（初出　『ポリタス』特集「沖縄知事選挙」　二〇一四年十一月）

わかったつもりになって、前に出てあれこれ言うより、やっぱり自分にはよくわからないと思って、隅っこの方で静かにお茶を飲んでいるほうが好きだし、そのほうが疲れない。

かっこいい大人たちがどんどん逝ってしまう。かっこわるい僕たちは焦るばかりで、ずっとここに立ち止まっている。もう少しだけでいいから、僕もかっこよくありたいと思う。

カギ括弧内に句点を入れる入れないで文句を言う人がおり驚く小学校では「　。」と教えるが新聞などでは文字数を削るため「　」と書くしそんなものは書き手による自由勝手でどのようなリズムを感じさせたいかによっても句読点の使い方は変わるし言葉に絶対的な決まりなどなく古い日本語に句読点はない。

日本語で「やっつけ仕事」と書かれているTシャツを着ている人がいて、うっかり笑いそうになったんだけれども、僕の着ているTシャツには英語で「Urban life」と書いてあるから笑うわけにはいかない。

バスぜんぜん来ないのに、来るときは何台かまとめて一度に来るから困る。

世の中にはいろんな意見があってそれぞれの意見を聞くたびに僕は「ああ、そうかも。なるほどね」と流されてしまう。正直に言えば僕には何が正しい選択なのかは判らないし、本当に正しい選択なんてものがあるのかさえ判らない。でも、少なくともズルはダメだと思う。それくらいは僕にも判る。

この子はミックスやから厳密にはチャウチャウちゃうけど、半分はチャウチャウとちゃうかな。

ファストフードのゴミを捨てるところで、うまく分別が出来ずに混乱して軽いパニックになるアカウントがこちらでございます。

「今の世の中をひとことで言えば『いちいちうるせえな』これに尽きますよ」（佐藤愛子）。九十二歳のおばあちゃんにこんなこと言わせるなよって思う。ネットによって、僕たちはある種の自由を手に入れたのと同時に、お手軽な魔女狩りツールも手にしてしまった。

ぶっちぎりの人生

ＮＨＫの『ラストデイズ』というシリーズ番組のコピーを考えるときに書いたメモ。こんなふうに僕には、ああでもないこうでもないと愚にもつかない思考を駄文や絵にして、ひとまずこねくり回してから、ようやくコピーを考え始める。

ここじゃないどこかだとか、今の自分じゃない自分だとか、これじゃない何かだとか、そうしたものをちょっと手を伸ばして届くような範囲でチョロチョロと探しているような人はたくさんいるだろうし、僕だってその辺りのことでいつもモヤモヤと思い悩んでいるのだけれど、それはやっぱりダメの人なんだろう。

でも、こんな身近なところにあるものなんかじゃぜんぜん足りねぇんだと叫び、となんでもないところにまで探しに行って、それでも満足しないで、死ぬまで満足しないで、これは違うんだ、あれも違うんだと思い悩み、最後の最後まであきらめずに足掻きもがき続ける人は、運が良ければ、きっと、ぶっちぎりの人生を送ることになるのだと思う。
そして、そのぶっちぎりが僕たちの心を震わせるのだろう。本人がそれを望むかどうかは別として。

僕はなぜかカップを置かずに「コーヒー大」のボタンを押し、流れ落ちるコーヒーを、いつもと何かが違うなと思いながら、ただ、ぼんやりと見つめていた。うっかりしていた。いま、床がコーヒーまみれになっている。

立派なセキュリティーゲートが出来てから、テレビも広告もちょっとつまらなくなったように思っている。隣の席に見知らぬおじさんが勝手に座っていて、誰だよこの人と思いながら、あれこれ噂話をしたり、いい加減な嘘を撒き散らされたりしているうちに新しい企画が生まれていたって面はある。

レールに沿った人生は嫌とか、レールに沿った人生も悪くないとかこの先レールがあるとは限らないとか、レールはキャリアの最短距離とか、ここ数日やたらとそんな話題を目にするけど、お前らどんだけレールが好きやねんとしか思えない。自分がレールに沿っているかどうかなんて、どうでもいいと思う。

言葉は人なのだなと思った。どんな言葉を選ぶのかは、どんな人になるのかを選ぶこと。

適うはずもない

お前は鼻血が出るほど考えに考え抜いてから言葉を発しているのかと問われたら、いつも僕は考えが足りないどころか、脊髄反射だったり、その場限りのジャストアイデアだったりと、これはもう何も考えていないに等しいことが多いから恥ずかしくなる。

ものごとをありとあらゆる切り口から考え抜くって本当にたいへんなことで、気を抜くとどうしても自分だけの狭い視野でものを考えてしまう。アイデアの質は考える深さと長さに比例していることが殆どだから、すぐに浮かぶようなものはたぶん上辺しか解決できない。

ずっと本気で考えている人たちに、その場で聞かされてパッと思いついた程度のことで太刀打ちできる筈もない。

それなのになぜかエラい人のその場の思いつきはすべてに優先されるし、抵抗しようとしたら口を塞がれるから困ってしまうんだよなあ。

付け加えれば、どんなときにでも「何かあったらどうするんだ」と言う人はいて、「では、その何かとは何ですか?」と問えばたいてい黙るし、黙らずあれこれと並べ立てられる「何か」の殆どは取るに足らない瑣末なことか、ありえない妄想か、起きてから対処すればいいことばかり。

真剣に考えてきた人たちは、本当に重要な「何か」なんてとっくに考え済みなのに、それでも「何かあったら」と言う人たちは何か言うことが仕事なのだと思っているのだろう。

でもそれは、自分が何も考えていないことを露呈しているだけだから、おとなしく隅っこのほうに座ったまま黙っていて欲しい。

ペンでなければ潜れない

ふだん僕は原稿用紙に手書きで文章を書いている。最近、取材などを受けてそう言うとびっくりされることが増えてきた。どうやら手書きで文章を書く人はもうあまり残っていないらしい。さすがに今書いているこの文章くらいなら直接パソコン上で書くこともあるけれども、これにしても僕はまず手帳に簡単なメモを記してから書き始めることが多いし――実際に今もそうしている――、小説やエッセイなどはパソコン上ではもうまったく何も書けない。

なぜ書けないのか、どうして手書きなのかと聞かれるたびにその理由を考えて、キータイピングが遅いからだとか、変換キーを押すとイメージが途切れるだとか、音と指の動きがずれているからだとか、もっともらしい答えを口にするものの、本当のことを言うと僕自身もよくわかっていない。

わかっているのは、少なくとも僕は手書きのほうが自由なイメージを保てるということで、しばらく手を動かしているうちにだんだん頭がぼんやりとしてきて、やがて夢を見ているというか仮想現実の世界に紛れ込むというか、とにかくそういう状態になっていく。僕はこの状態を「潜る」と呼んでいるのだけれども、うまく潜ることができれば、あとはまったく別のことを考えながらどんどん手が文章を書き始めるようになる。しかも、使うペンによって文章の中身も変わってくるからおもしろい。もしかすると僕が書いているというよりはペンが書いているのかもしれない。この感覚はまだパソコンでは体験したことがない。僕はペンでなければ潜れないのだ。

「でも、手書きの原稿を受け取る編集者の人はたいへんですね」

いやいやいやいや。今どき手書きの原稿なんて受け取ってもらえないから、僕は一度自分で手書きしたものを見ながら、自分でテキストデータにしているのであります。

「それって、二度手間じゃないですか？」

はい、そうです。けっこうな手間なのです。でも、僕はそうしなければ書けないのだからしかたがないし、手書きからテキストデータに打ち直すときに話の構成を変えたり文字を校正したり推敲したりするから、まったく無駄な作業というわけでもないのだ。

テキストデータにするときは、僕はキングジムの出しているポメラという文字入力専用の機械を使っている。これまで何台かを乗り換えながら、かれこれ五、六年は使っていると思う。機能面については多少の不満があるし、僕にとって完璧な機械というわけではないけれど、今のところはこれ以上の道具が見つかっていない。

近所のコンビニに行ったら、焼酎の紙パック持ったおじさんが「おれ、焼酎しょっちゅう飲んでんの」って店員さんにぶちかましてて、ニュートリノくらえって思った。

この世には二種類の人間が存在している。コーヒーが好きな人と、コーヒーが嫌いな人と、どっちかっていうと紅茶が好きな人と、牛乳を飲んだらお腹を壊す人と、今すぐに肉が食べたい人。

キーッって騒いで何かをやめさせようとする人は、自分が何かやりたいときに、ほかの人たちから同じようにキーッて騒がれて、やめさせられても構わないという覚悟を持たなきゃいけないのだけれども、たいていの場合、そうするともっとキーッて騒ぐから、たいへんだし面倒くさい。

どこへ行ったっていい人悪い人いろんな人がいるわけで、そこでどんな人に出会うか、どんなできごとを引き寄せるのかは、結局のところ自分自身がどんな人間なのか何を求めているのかってことに尽きると思う。たいていの場合、笑顔には笑顔が返ってくるよ。いつも必ずとは言わないけれども。

うちは古い家系でね……って言うひとがいるけれど、みんな同じ起源から始まっているとしたら、全人類が同じ古さの家系なんじゃないのかな。

電子回路やプログラミングを学んだことのある人ならわかると思うけれども、設計しだいでは、どんなマイナスの入力からでもプラスを出力することはできる。マイナスがそのままマイナスになるか、それともプラスになるかは、それぞれの設計による。そして、それはきっと人間も同じなのだろうなと思う。

原型は「誰も知らないひげ面のおじさんたちがウザいくらい蘊蓄を語り、もう疲れた面倒臭いとボヤき、嬉しいときはキャーキャー騒ぐ」って企画だったけど、最終的にはずいぶんおしゃれな番組になった「チョイ住み」。

「オーシャンズ11」を観る人はその前に「オーシャンズ1」と「オーシャンズ2」は観ておいたほうがいい。ちなみに「オーシャンズ6」と「オーシャンズ7」は、出演者もまるで別の珍品作品だから観なくてもいい。

クチバシはさんで、すみません。

いつだったか、ほぼ日刊イトイ新聞で『いま、海外ドラマがすごくおもしろいので。』という企画があって、この担当者から「海外ドラマについて何かひと言書かないか？」とお声がけをいただいたので書き始めたところ、なぜかまるで筆が止まらず、ひと言どころか連載になってしまった。本来は四回にわたって掲載された記事なのだが、あの止まらなかった勢いを感じてもらいたかったので、これをひとまとめにして、段落分けも改行もなしで収録することにした。
これを書いた以降も、おもしろい海外ドラマはどんどん放送されているので、機会があれば、いつかまた紹介したいと思っている。

ほぼ日で、海外ドラマについての連載が始まると知り「おおこれは！」と一人で勝手に大興奮していたら、「あ、そういえば鴨さん海外ドラマ好きなんですよね。何か書いてくださいよ」と言われ、いやそんなこと言われても、僕はただすごく好きだっていうだけで、系統立てて見ているわけでもないし、評論なんてできないしと尻込みしていたのだけれども、せっかくだから思い切って僕がここ数年間に見てきた海外ドラマの中で、ちょっと気になったものをあれこれ書いてみることにしました。海外ドラマというと、どうしてもアメリカ、それもハリウッド制作ドラマが話題の中心になってしまいがち。でも、実は最近、そのハリウッドがお手本というか、どうやら見本にしているっぽい国があるのです。ここしばらくの間、アメリカのドラマは脚本をチームで書いている作品が多くて、全体を貫く大きなテーマはあるものの、一話ごとにエピソードが閉じる「一話完結型」がメインだったんです。複数の脚本家に競争をさせるから一話ごとにかなり力の入った脚本になるし、見逃していた人が途中からでも入って来られるような設計もできるわけで、その合理的な感じがいかにもアメリカ的です。ところが、最近はネット配信の普及で、見逃していた人も初めから一気に見られるようになったせいか、少しずつ脚本の体制が変わり出しているような気がしています。もちろん一話ごとにちゃんとエピソードを閉じているものが多いのには変わりありません。ですが、少しずつ「いわゆる連続ドラマ」が復活し始めているんじゃないかなと。そんな動きが見え隠れする中、ハリウッドのプロデューサーたちは世界中に目を配って新しいドラマのネタを探しています。そして、どうやら彼らが最近目をつけているのが北欧とイギリスなんですね。昔からイギリスのドラマはアメリカで数多くリメイクされていますが、脚本が緻密で印象的な映像の多い北欧ドラマが気になるのもよくわかります。北欧のドラマをよく見ていると、いくつか面白い特徴があります。まず基本的にロケ撮影です。セットを使わないいんですね。室内も実際の建物を借りて撮影しているし、あまり照明も焚きません。レフ板などは使っていますが、そこにある自然の光だけで映像を撮っています。そしてカットを細かく割らず、手持ちカメラでの撮影が多いんですよ。実はこれって、「ドキュメンタリーの撮影手法」なんですね。イギリスの『ジ・オフィス』にもそういう手法が使われていますが、俳優がまるでその空間の中で本当に生きているかのような撮り方をしているのです。露出はローキー気味で低コントラスト。デジタルで撮っているのになぜかアグファのフィルムで撮ったような色が出ているのも不思議で、やっぱり緯度の高いところで撮影すると、太陽光線に含まれている波長にも差があるのだろうなあなんてことを考えてしまいます。この特徴って、たぶん北欧の監督たちは、『ダンサー・イン・ザ・ダーク』や『メランコリア』でお馴染み、ラース・フォントリア監督が提唱しているドグマ95の手法を意識しているからなのかなと、密かに僕は思っています。北欧ドラマをまとめると「渋い」という一言に尽きます。アメリカのドラマのような説明的なセリフが殆どないので、見る側はセリフを聞きながら、ちゃんと俳優の表情や身振りから、いったい何が起きているのかを読み取らなければならないし、ある程度話が進んでも、状況がよくわからなかったりするのですが、そのリアルな感じにハマると、とんでもなくハマります。派手な展開はありませんが、伏線が絶妙なので脚本を読み解く楽しみもあります。せっかくなので、アメリカのドラマの話もしておきましょう。まずは『ホームランド』。テロという現代の大きな課題に向き合うこの作品は、少なくとも今を生きる僕たちが見ておかなければならないドラマの一つじゃないだろうかと思っています。主演のクレア・デインズが完全にイッちゃってます。演技がとんでもなく怖いです。イケメン好きなら刑事と泥棒のちょっとおしゃれなバディもの『ホワイトカラー』、SFがお好みの人は『パーソン・オブ・インタレスト』なども悪くないですね。刑事・警察ものはドラマの王道ですから、これはもうたくさんあります。まずは『バックストローム』。主人公があまりにも口が悪いんです。ひどいです。『ブリッジ』の女刑事が壊れたロボットだとしたら、こっちは最低な人間。ひねくれ者で口が悪くて下品。なんとも強烈なキャラクターが印象的で僕は大好きなのですが、これ、アメリカ人には受け入れられなさそうですから、たぶんシリーズは続かないと思います。「アイ・アム・ユー」という決めセリフが、なかなかカッコイイなと思っていたんですが……。同じように口が悪いキャラクターでも『ドクター・ハウス』は長く続いているので、さじ加減に失敗したんでしょうかね。FBIのプロファイラー・チームの活躍を描く『クリミナル・マインド』は、目を覆いたくなるような残虐な表現があるので注意が必要ですが、人間の異常心理を知るには格好のドラマです。ちなみに『クリミナル・マインド』にはスピンオフ版もあって、フォレスト・ウィテカーがなんとも言えない渋みを出しています。残念ながら、スピンオフ版はレギュラー番組にはならなかったみたいですが、頭のいいFBI捜査官だらけの本編と違って、ヤサグレ集団が活躍するスピンオフ版、けっこう好きでした。いつかまたやって欲しいです。人間の心理といえば、『プラダを着た悪魔』や『ニック・フォーリン』でお馴染みのサイモン・ベーカーが主演の『メンタリスト』もハズせませんね。主人公の使うトリックがどこまで本当のことなのかはわかりませんが、犯人の心理を読み取って、罠に嵌めていく感じはちょっとだけ『コロンボ』風味です。

あ、そうそう。この『メンタリスト』に出てくる刑事役のロビン・タニーは『プリズン・ブレイク』で弁護士役をやっていたので、見たことがある人も多いかと思います。ちなみに彼女は、雑誌のインタビューで「女優にとっていちばん大切なものは？」と聞かれ「貯金。いつ仕事がなくなるかわからないから」と答えていました。こんな夢のない返事をする女優なんて見たことがないです。ロビン最高です。同じく刑事ものの『HAWAII　FIVE－O』や、正確には刑事ではないけれども事件捜査ものの『NCIS　ネイビー犯罪捜査班』は、好みが分かれると思いますが、ハマる人は全シーズン見てしまうと思います。『NCIS』は、『CSI　科学捜査班』のような科学捜査とアクションが適度に混ざっていて、しかも変なギャグが紛れ込むという、なんとも謎な味わいがあるドラマですが、アメリカではかなり人気があるようです。『CSI』に「マイアミ」とか「ニューヨーク」があるように『NCIS』にも『NCIS　LA』というスピンオフがあって「LA」は潜入捜査班ということになっています。最近では、あまり潜入していませんが。『ロー&オーダー』は刑事ものと裁判ものを一つの話に収めるというなかなか強引な手法のドラマなんですが、これが当たって、シーズン20まであるし、次々とスピンオフ企画も生まれているので、どれか一つを見て、自分の好みかどうかを探ってみてもいいかも知れません。さて、数多ある刑事ものの中で、僕が本気でオススメする最近のものは『ブロードチャーチ』『トゥルー・ディティクティブ』そして『ジョン・ルーサー』の三つです。この三つは絶望的です。とことん暗いし、何だかぜんぜん救いがありません。でも、それがいいんですよ。『ブロードチャーチ　殺意の町』は本当に暗いです。僕は、見終わってからしばらく立ち直れないほど落ち込みました。主演はデイヴィッド・テナント。僕にとってはハムレットというよりも、ドクター・フーですね。あのエキセントリックなドクターが、これまた超エキセントリックな刑事になっています。『トゥルー・ディティクティブ』の主演はマシュー・マコノヒーとウディ・ハレルソンです。こんな強烈な俳優を二人も使うなんて、なんという贅沢！　体を絞りに絞ったマシュー・マコノヒーの演技もすごいです。個人的にはラストシーンだけが少し引っかかるのですが、とにかくオープニング・タイトルから最終話のラストまで、ずっと渋いです。そして『刑事ジョン・ルーサー』。主演はあのイドリス・エルバですから、これを見てしまうと彼が出ている『ザ・ワイヤー』も見ざるを得なくなるし、そうすると今度は『ザ・ワイヤー』の主演、ドミニク・

ウェストが気になってくるから、イギリスの『THE HOUR 裏切りのニュース』を見る羽目になるわけです。こんなふうに、俳優つながりでドラマを追いかけて行くのも面白いですよね。せっかく『THE HOUR 裏切りのニュース』が出たので、ニュースものの話題もしておきましょう。そう『ニュースルーム』です。社会派です。硬派です。何と言っても、脚本が『ソーシャルネットワーク』や『マネーボール』のアーロン・ソーキンですからね。面白くないわけがないんです。そのアーロンが、本気で今のニュース報道を批判しているのがたまらなく心地良いです。超オススメします。このドラマ、できれば今の日本でニュース制作に関わっている人には全員に見て欲しいと思っているくらい、本当に大切なことを正面から堂々と描いています。日本でこんなドラマがつくれるのだろうかと、いつも疑問に思いながら見ていました。北欧ドラマの中で、最近の僕のお気に入りは『キリング』『コペンハーゲン』『ブリッジ』の三本です。『キリング』はいわゆる刑事ものですね。一人の少女の遺体が湖から引き上げられるところから始まるのですが、どこまで行っても謎が深まるばかりで、いったい誰が何のために事件を起こしたのか、最後までぜんぜんわかりません。被害者の遺族たちの気持ちや表情をとても丁寧に描いている点が、この手の殺人事件ものには珍しく、僕の印象に強く残っています。ちなみに派手なドンパチは皆無です。ひたすら暗くて地味です。殆ど毎回、ラスト三分ほどには一切セリフがなく音楽に乗せて無言のドラマが進んでいくのですが、それがそのまま次回予告的なものになっているという、ものすごくかっこいい演出になっています。『コペンハーゲン』はデンマークの首相を主人公にした政治ドラマです。こちらは派手なドンパチどころか、不可解な謎もドンデン返しもないけれど、人間が動くという意味での「ドラマ」であることは間違いなくて、しかも政治という触りにくいテーマをちゃんと正面から扱って、エンターテイメントに仕立て上げているのが見事なんです。政治家たちのドロドロとした野望の中に、理想をちらりと散りばめている脚本が僕は大好きで、こういうのをちゃんと真正面から作って放送するデンマークって、懐の深い国だなあと思うわけです。それからもう一つ、北欧ドラマには大きな特徴がありました。それは「主役があまりかっこよくない」ということです。美男美女というよりも個性的というか何というか、やや小太りの中年たち、と言い切ってしまう方がいいような俳優が主演です。そういえば『ドラゴン・タトゥーの女』の元になった『ミレニアム』でも『刑事ヴァランダー』でも中年が主役ですよね。まあ『ヴァランダー』のほうはイギリスとの合作版は主演がケネス・ブラナーなので、かっこいい主人公が見たい人はイギリス版をどうぞ。その『ヴァランダー』のスタッフと『キリング』のスタッフが共同でつくったのが『ブリッジ』。もうね、渋すぎです。デンマークとスウェーデンの共同制作で、ドラマの中でも二つの国の刑事が共同捜査するというもの。奇天烈な女刑事とダメ人間のオヤジ刑事がコンビを組むことになるのですが、女刑事のキャラクターが、もう完全に異常です。人間の心を持たないロボットのような人物で、なんと異常な主人公なのだ、と第1話で僕は驚きました。事件とともに彼女自身の謎もだんだん明らかになっていきますので、そこも見所。オープニングの音楽は切なく美しく素晴らしい出来です。『コペンハーゲン』はそもそも政治ドラマなのですが、刑事ものの『キリング』にも『ブリッジ』にも政治が大きく関わってきて、それがドラマに奥行きを生んでいるのも面白いところです。ちなみに『キリング』と『ブリッジ』はアメリカで、すでにリメイクされています。映画スターがバンバン出演しているのも最近の海外テレビシリーズの特徴かもしれません。『ブラック・リスト』の主演はジェームス・スペイダーだし、『レバレッジ』はティモシー・ハットンです。カンヌやアカデミーに絡む俳優がテレビドラマに出ているわけで、今のテレビシリーズの予算規模というか、もう映画とテレビの境目は無くなっているのだなということがよくわかります。そしてやっぱり、こういう俳優って超絶にうまいんですよね、お芝居が。あ、たぶんいろんな人が勧めるはずの『ハウス・オブ・カード』もかなり好きです。こちらは映画とテレビの境目どころか、最初からネット配信用に作られたドラマですから、もっと先に行ってるわけですね。これはですね、主人公役のケビン・スペイシーもいいんだけれども、何と言っても妻役のロビン・ライトがとんでもない演技を見せているんですよ。もう誰がどう見ても完全にマクベス夫人です。怖いです。シェイクスピアを意識しているのだろうなというセリフもたくさん出てくるし、これってアメリカのドラマなのにどうもイギリスっぽいなと思っていたら、もともとイギリスのドラマをリメイクしたものなんですね。念のために元のイギリス版も見たんですけれども、先に超シリアスなアメリカ版を見てしまっているせいか、どうも俳優の動き方もセリフも、どことなくコメディタッチになっていて、思わず噴き出してしまいました。カメラに視線を送る、いわゆる「アルフィー演出」は、イギリス版にも入っていたので、これはケビン版のオリジナルじゃなさそう。でも、ケビンの目力すごいです。ちょっと軽めのものもご紹介しておきましょう。『スーツ』は、ひょんなことから弁護士事務所で働くことになる若者（演じているのはパトリック・J・アダムス）を主人公にして、物語がスタートしているんですが、話が進んでいくうちに彼のパートナーとなる弁護士（ガブリエル・マクト）が、だんだんと主役になってくる感じで、キャラクターの存在感が逆転していきます。とは言いつつも、パトリック・J・アダムスはこの作品で高評価を得ているので、決して後ろに引っ込んでいるわけじゃないんですけどね。何よりも登場人物が着ている超高級スーツがかっこよくて、会話がスタイリッシュで、僕もこんなスーツを着てさっそうと仕事に行きたいと思っていました。これを見ている間だけは。出てくるキャラクターも全員個性的で、個人的にはルイスが好きです。これ以降、出てくるシーンは完全にコメディです。コメディと言えば『ハイっ、こちらＩＴ課！』も忘れてはいけませんね。昔この人たち、完全にバカです。あとはサイモン・ペッグの一連のシリーズですね。昔流行った『フレンズ』のようなシチュエーション・コメディが好きだった人には『ビッグバン・セオリー』が、案外楽しめるかも知れません。いやもう、海外ドラマの話を始めると、いつまでたっても終わらないから、あえて北欧とイギリスものに限定しようと思ったのですが、それだけでもものすごい量になってしまうんですよね。まだまだ書きたいものがたくさんあるところを泣く泣く削って、それなのにやっぱりアメリカのドラマのこともたくさん書いてしまいました。でも、超能力ものとか宇宙人ものとか、さすがにそこまで入れられません。申しわけない。とにかく海外ドラマのマニアは今、おおごとになっているんです。これまでなかなか見る機会のなかったものがインターネット配信でいつでも見られるようになってしまって、これはもうたいへん危険な状況なのです。いったい僕たちはどれだけ見ればいいのか、寝る時間がなくなってしまうんじゃないか、原稿なんか書いている暇はないじゃないかと。しかも、この秋からは、さらに新しい配信サービスがやってくるそうじゃないですか。僕は頭を抱えているところなのです。

（初出　『ほぼ日刊イトイ新聞』「いま、海外ドラマがすごくおもしろいので。」

二〇一五年六月）

八十くらいでも充分なことでさえすべて百を目指すから疲れる。どうでもいいことにまで完璧を求めすぎなんだと僕は思うんだ。むしろ、殆どのことは適当でいいよ。そんなに困らないよ。

十九歳の僕は、東京に行きさえすればきっと何者かになれると思い込んでいた。それは、PARCOが近づきがたい存在だったのと真逆のようで、実は同じ感覚。

金なら一枚、銀なら五枚。おもちゃの缶詰を手にするオリ・パラの選手は、それほど多くない。

イカリングカレーを食べてたおばさんが隣に座っていた大学生らしき若い男性に、「イカリング一個あげようか？」というものすごい謎の攻撃を仕掛けて「えっ？　い、いえ、けっこうです」と断られたあげく「そうよねぇこんなおばさんのイカリングなんていらないわよねぇ」と、いま高笑いしてててココイチ地獄。

アイディアが本気を形にするし、本気じゃないとアイディアなんて出てこない。

ラジオでパーソナリティが「というわけで」と言うたびに「どういうわけなのかちゃんと説明してくれ」と心の中で思っている。

♪～
　やすみなんて ないさ
　やすみなんて うそさ
　ねぼけたひとが
　みまちがえたのさ
　だけど　ちょっと
　だけど　ちょっと
　ぼくだって　つらいな
　やすみなんて　ないさ
　やすみなんて うそさ
～♪

うちの死んだ爺ちゃんが言うところの「アホはほっとけばええ。かまったら時間もったいない。せからしいやろ」ってことだね。

若冲展に並んでもう二日が経つ。どちらかといえば片瀬は辛抱強いほうだが、それでもこれ以上並び続けることは難しい。あきらめるか。片瀬は唇を噛み、遠く地平の彼方まで続く行列を見やった。ふと視界の端に何かが入り込む。黒ずくめの男が片瀬に向かってニヤニヤとしていた。「裏若冲はどうです？」

生き物の話

▼ドローン

ガレージの軒下につくった巣でドローンのメスが卵を産んだよ。

再来週くらいには小さな赤ちゃんドローンが元気に飛び回っているはず。楽しみだ。

▼カリオストロの城

みんな大好きお寿司のトロ。当然のことながら、トロには雄と雌がありますが、どちらかわからないときには、仮に雄のトロとしておく決まりがあります。

今からおよそ三百年前ごろ、この決まりがヨーロッパへ伝わり「カリオストロにしろ」ということわざになりました。

▼またドローン

うちの屋根に巣を作っていたドローンの雛が育って、いま飛ぶ練習してるんだけど、近づくと親ドローンが「シャーッ！」って威嚇してくるので、迂闊に近づけない。特に外来種は鋭いくちばしで突いてきます。

▼カニかま

カニかまは事実上のカニ、もしくは事実上のかまぼこ、あるいはその両方、またはそのどちらでもないが、いずれにしても危険はないとされている。

専門家の多くは、カニかまそのものよりも、カニかまの亜種である「カニかま風」のほうが脅威だと考えている。

▼グーグル翻訳

僕たちの使っているグーグル翻訳はグーグル翻訳の幼虫です。

大きくなって、きれいな羽の生えたグーグル翻訳の成虫になれば、ちゃんと訳せるようになります。

▼柿の種

ベランダのプランターに蒔いた柿の種が、あっというまに大きくなって、もう実をつけている。

せっかく実った柿の種をそのまま放っておくと、すぐにピーになってしまうので、適当なところで収穫しなきゃならないと思っている。

うかうかしていると、ぜんぶピーになってしまうから油断できない。

▼寿司

子供のころ、飼っていた寿司が逃げてしまって、ずいぶん暗くなるまで近所を探し回ったことを思い出した。

結局、逃げた寿司はいつのまにか寿司小屋の中に戻っていて、のんきに餌を食べていた。懐かしい思い出だ。

▼餃子

今年は餃子の当たり年で、島根県や宮崎県の餃子畑では、例年の二倍近い餃子がとれているそうです。

生産者の話によると、大きさも例年のものよりひとまわり大きく、肉汁も豊富だとのことです。

餃子狩りで島根県の畑に訪れていた観光客は「もぎたての新鮮な餃子はとてもおいしい」と話していました。

▼サンタを飼う

野生のサンタを群れごとぜんぶ捕まえてクリスマスが終わるまで自宅の物置で飼ってたって話わりと好き。

▼少量の佐賀県

兵庫県と栃木県を同じ水槽に入れて飼うと、群馬県が大量発生する恐れがありますので、気をつけましょう。

なお、水槽がひとつしかなくて、どうしても同じ水槽に入れなければならない場合、少量の佐賀県を加えると、群馬県の発生を抑えることができます。

▼カロリスト

カロリストはおにぎり丼、カレーライスご飯などの重ね主食を好むため、人気の少ない森や林の、古く大きな樹木の地上から一・五メートルほどの高さの位置に主食をこすりつけておくと、朝には大量のカロリストが群がり、簡単に捕獲することができます。

この方法で捕獲できるカロリストの種類としては、サラリーマンが多めです。

▼なると

なるとは養殖ものより天然もののほうが圧倒的においしいですね。獲れたてのなるとを、その場で生でいただくのは最高の贅沢です。

▼半チャーハン

僕が尊敬しているのは、半チャーハンを発見した人です。

それまで化石でしか見つかっていなかった半チャーハンの痕跡を二十年かけて根気強く辿り、ついに生きた半チャーハンを発見したのです。

その後、半チャーハンは日本各地で栽培されるようになり、今では身近な食べ物として親しまれています。

▼こびと

こびとをおびき出すための砂糖水を用意して寝ます。

おやすみなさい。

▼朝食のメロンパン

マーガレット王女が、毎日の朝食狩りの代わりに、ときどきメロンパン狩りを行なったことで、二十世紀に入ってからメロンパン狩りは再び多くの人に知られるようになった。

日本では、昭和四十年代まで秋田、千葉、愛知の一部で盛んに行われていた。

▼さつま揚げ

ちくわぶの飼育は初心者ではなかなかたいへんですよ。さつま揚げの雌は気が荒いので、まずは、さつま揚げの雄を飼って、慣れることをおすすめします。

なお、さつま揚げは水温が低いと動きが鈍くなります。水温を高めに設定し、餌には煮干しなどを与えてください。

▼野生の雨

バタバタと激しい音がするから、いったい何ごとだろうと思って窓を開けてみると、窓の外ではかなりの量の雨が降っていて、しかもそれがみんな野生の雨なもんだから怖くて何もできずにいる。

うっかり手を出せば噛まれるし、場合によっては卵を産みつけられる可能性もある。

僕はやっぱり飼い雨がいい。

▼はんぺん

はんぺんは明るいところでは出汁の中に隠れようとする習性があります。部屋を暗くしたら浮かんできますよ。

▼水素

うっかり水素の雌に手を出したらたいへんなことになり

ます。酸素の雄が群がって収拾がつかなくなります。すぐに水素の雄と一緒にして水の中に入れなきゃ。

あと水素には細かく刻んだかまぼこを与えると喜びます。

なお、水素水を素材にして創り出された新しい水、それが「水素水素水」です。

▼アイスコーヒー

ルノアールでアイスコーヒーに餌をやったら妙に懐かれてしまったみたいで店を出た後もずっとキュンキュン鳴きながらついてくる。

さすがに打ち合わせに連れて行くわけにもいかず。

いやあ、困ったなあ。早く店にお帰り。

▼OAタップ

増え過ぎたOAタップは共食いを始めるから面倒です。

そういえば、靴下も共食いをしますね。たいていは右足が左足を食べるから、いつも右足だけが残って困ります。

▼町田

一般的に雄の町田は山梨ですが、雌の町田は東京です。

ただ、飼育方法によっても変わることがあり、中には群馬になる町田もあります。

▼春分の日

春分の日には、毒のあるものと毒のないものがあり、毒のない春分の日はそのまま生で食べても大丈夫ですが、毒のあるものを生で食べると吐き気、嘔吐を起こすことがあります。

毒の有無は春分の日のてっぺんに黄色い斑点があるかどうかで簡単に見分けられますが、わからないときには充分な加熱が必要です。

ちなみに今日は春分の日ではなく、春分の日の遺伝子組換え品です。

▼半ラーメン

子どものころ、近所の川で半ラーメンの掴み取りをよくやりました。大きな半ラーメンが掴めると嬉しかった。

▼焼きそば

焼きそばは、そばという名前がついていますが、実はラーメンの仲間です。

なお、雄の焼きそばにはヒゲがあります。

▼隠れ家バー

本物の隠れ家バーは、ずっと隠れているので誰にも見つけられない。

おびき出すには、よく練った炭団が必要です。

▼ハロウィーン

いよいよハロウィーンも近づき、店頭に飾りつけがなされたり、ちょっとした衣装が売られたりしています。

日本のハロウィーンはいわゆる赤いハロウィーン（赤ハロ）が中心なので赤やオレンジの飾りが多めですが最近は本場の青ハロウィーンや黒ハロウィーンに挑戦する人も増えてきたそうです。

赤ハロは雄雌ともに大人しい性格で扱いやすく餌と水さえ正しくやっていればすぐに増えますが、青ハロや黒ハロには凶暴な個体がいますし、特に産卵期の雌はうかつに近寄ると噛まれます。

黒ハロの雌には毒があって、噛まれるとしばらく痺れるので注意が必要です。

▼笹かま

笹かまは、産卵場所もまだ解明されていないんですよ。

なお、笹かまぼこの主食は笹です。

▼イチゴ狩り

かつてのイチゴ狩りは、勢子と犬が森や林から追い出したイチゴを、待ち構えていた射手が弓で射るものでしたが、イチゴがかわいそうだ、野蛮だという批判が相次いだため、現在では、群馬など一部の地域を除き、餌となる練乳でおびき出したイチゴを網で捕らえる手法のイチゴ狩りが一般的になっています。

▼雄のメンドリ

よく誤解されている方がいらっしゃいますが、メンドリには雄と雌がいて、卵が実るのは雌のメンドリです。

雄のメンドリにはヒヨコが実ります。

一般のご家庭でみなさんが食べている卵は、雌のメンドリに実ったものを、農家の若い男子が、ひとつぶひとつぶ丁寧に収穫したものです。

群馬だけは雄のメンドリにも卵が実ります。なぜかというと、群馬だからです。

▼猫のヒゲ

猫のヒゲは一本一本が細かく振動しており、水中での補助推進力として使われている。

▼朝食

兵庫県にある円手村では、毎朝、村の若者が朝食のトーストと目玉焼きを森へ狩りに行くのが習わしだが、ごくたまに、トーストの反撃にあって若者が食べられてしまうことがある。

その場合の朝食は、前の日に村長が捕らえた目玉焼きだけになってしまう。

まったく嘆かわしいことである。

▼夜明け

夜明けの雛が首をもたげ、暗い空に逆らうようにそっと羽を広げると、すぐに雛は、いかにも初夏の夜明けらしい夜明けへと成長し、薄白の羽ばたきで、地平線の一端を覆った。

いつかこの夜明けは、誰もみたことのない巨大な夜明けとなり、世界を全て覆い尽くすだろう。

▼ジップロック

もうずいぶん長く、小さなジップロックを食器棚にしまっているんだけど、なかなか大きなジップロックにならない。

育て方が間違っているのだろうか。

▼グミ

ベランダのグミの木が雨の中できれいな蕾をつけ始めているから、もうすぐグミが実るはず。

グミの木には、公孫樹と同じように雄の木と雌の木があって、グミが実るのは雌の木です。一本の木からは、およそ七十から八十ほどのグミが収穫できます。

ちなみに、うちで育てているのはコーラ味とぶどう味のグミですし、小学校などで植えているグミはだいたいオレンジ味ですね。

一九二は一六の倍数

なんと左右社の守屋さんから届いた、いろいろな人の書いたエッセイは、どうやら長さの目安として送られてきたものだったらしい。

たしかに新聞や雑誌にコラムやらエッセイやらを書くときには、原稿用紙で何枚くらい、あるいは何文字くらいという指定があって、その指定のとおりに書けば良いのだけれども、なにせ書き下ろしということでその辺の見当がつかず、どのくらいの長さにすればいいだろうねという話をしたような気がする。

原稿用紙で十五枚くらいと言ってもらえれば、なるほどそのくらいの長さで書けばいいのだなと僕は思うのだけれども、そこに参考資料として、まさかの傑作エッセイ「父の詫び状」を送ってこられたら、そりゃもう悲鳴が上がるに決まっているし、長さの目安だなんてメモはもう僕の目には入らない。こんなの無理だよ、なんて恐ろしい要求をするのだよとひたすら畏れ脅えるだけである。とはいえ、ともかく僕は十五枚くらいを目安に書き始めたのだろう。あまり覚えていないのだが。

多少の時間はかかったものの、いやもう相当な時間がかかったものの、いやいや、ものすごく待ってもらったものの、なんとか全ての原稿を書き終えたところで、守屋さんから「やっぱりちょっと長過ぎました。原稿をぜんぶ並べると二三〇ページくらいあるのです。なんとか二〇八ページにしたいのです」という話が出たので、頭から少しずつ削ることにした。

いや別に怒ってないですよ。増やすよりは削るほうがいいし、修正するの好きだし、広告の世界にはもっととんでもない修正がいくらでもあるし。さすがに広告のとんでもない修正の話はここには書けないけれど。大きく口を開けたタレントが写っているポスターを見たクライアントが、この人の歯茎の量を減らせと言ってくるだの、撮影も編集も終わってから、やっぱり商品を手渡す店員役の男性を顔だけでいいから女性に変えろと言われただの、そんな修正があるなんて、とてもじゃないがここには書けない。

もともと僕はゲラになってからかなり修正するほうで、小説なんかでもまるで印象が変わるくらいに直す。そんなに直すのなら早く書いてゲラにする前に直せと言われそうだが、ともかく修正するのが大好きなのだ。できることなら永久に直し続けたいくらいなのだ。

さて、なんとかコツコツ削ればどうやら二二四ページには収まりそうなのだけれども、目標の二〇八ページに収めるとなると、これはもうかなり削らなきゃならない。奥付けやら目次やら扉やらのことまで考えると、実質的には一九二ページくらいに収める必要があるのだ。みなさんもすでにおわかりのとおり、二二四も二〇八も一九二も一六の倍数なのですね、これ。

本を手作りしたことのある人はわかると思うが、一般的な商業本は一六ページ単位が基本になっていることが多い。言葉だけで説明するのは難しいけれど、両面に印刷された紙を三回折って（八つ折り）、袋になった部分を切ると一六ページ表裏の一セットができ上がるので、このセットを重ねて一冊の本にする。だから、殆どの本のページ数は一六の倍数になっているのであります。

このあたりのことに興味のある人は製本、面付けなんかで検索すれば丁寧に解説したサイトが見つかると思うので参考にしてください。

たいていの文章は削れば良くなることが多いので、僕は削ることに何の躊躇いもないのだけれど、さすがにこの本では話が途中で変わったり、時系列が逆になっていたり、話がよじれてよくわからなかったり、という奇妙な違和感をどこかに残したいのに、削り過ぎてすっきりわかりやすくなるとその違和感がなくなってしまう。別に何かの役に立つ本じゃないのだし、正しい意味を伝える本でもないのだから、むしろ違和感はちゃんと残したい。

だったら変に削るよりも、いくつかの話を丸ごと落としたほうがいいと考えて守屋さんにそうお願いした。どの話を落とすかはお任せした。

最終的にいろいろな長さのものが入ることになったのは、いちおう一篇あたり十五枚を目安に書いたものの、すぱっと短いほうが面白いもの、逆にグダグダと長くなければ面白さを感じられないもの、直しているうちにうっかり長く、あるいは短くしてしまったものなんかがあるせいで、それでもその結果、全体を通して緩急がついたんじゃないだろうか。

そうそう。あの本に入らなかったエピソードもけっこう好きだったので、ここに収録できて良かったなあ。

そしてやっぱりインチキ格言

「ジェームズボンドのマイナンバーは
みんなが知ってる」

「クリストファー・ノーラン。
クリストファーは走らない」

「全米が新米」

「豹柄のおばちゃんは、豹ではないが、
豹よりも遥かに危険な生き物である。
特に豹柄のおばちゃんの雄は獰猛」

「『なんで私が怒ってるかわかる？』」と
聞かれた時に『えーっと、ヒントある？
ヒント？』って答えると、ものすごく
怒られる」

「『ノーミュージック・ノーライフ』は
音楽のない人生などない、
『ノーヒット・ノーラン』はヒットも走
塁もない、
そして『ノープラン・ノーアイディア』
は何もない」

「いつの日か、僕は俺を
追い落とすだろう」

「知らんがなと知らんけどの使い分け
はけっこう難しいし、知らんがなと
言えるにはある程度の教養が必要」

「モータープールを知っているかどう
かが関西人かどうかの踏み絵」

「僕の中には、
昔の僕が二人くらい入っている」

「人の家で靴下を脱ぐのは、
大人のたしなみ」

「僕以外の人は僕じゃない」

「話に尾ひれをつけるのではなく、
尾ひれすらないところから
魚をつくって泳がせたい」

「すべてのパンは柴犬である」

「カッパ巻きにカッパは入っていないし、
きつねうどんにキツネは入っていない
し、うぐいすパンにうぐいすは入って
いないし、かやくご飯にかやくは入っ
ていない」

「すべての道は自宅に通じる」

「『お口チャック』とは言うが『お口ファスナー』とか『お口ジッパー』とは言わない」

「こんなに何度も騙されているのに、それでも僕はまだ『こちら側のどこかでも切れます』を心のどこかで信じている」

「日々積み重ねてきた過去の行動だけが、自信や信用になる」

「あまり気負わず、自分にできること、自分がやりたいと思うことをやる。それだけでいい」

「一葉さんが好きです。でも諭吉さんはもっと好きです」

「週休は八日以上あるべきだし、週休十日くらいが理想である」

「日本に、若い男がふんどし一枚で何かする祭りが多いのは、若い男がふんどし無しで何かする祭りばかりだと、いろいろまずいからである」

「若者の『この店、超美味いっスよ』は、『この店、超量が多いっスよ』と同じことを意味する場合があるので、迂闊に信じてはいけない」

「道具はあくまでも道具。それをどう使うのかは、その人しだい。使い方を見れば、その人の心の奥底にあるものがある程度わかる。人間の内面は、道具によってデフォルメされる」

「僕たちはどうでもいいことや他人のことばかりに時間を使い過ぎている」

「中目黒には、この世を走るすべての電車が停まるのだ」

「何かを言うのが仕事だと考えている人は多いけれど、言う必要がなければ、何も言わないのも充分仕事なのだ」

「多くの意見を集めても集合知にはならず、集合痴になることが多い」

「空気は読むものじゃなく吸うもの」

「ハン・ソロは何人いてもソロ。デュオでもトリオでもソロ」

「弱虫でいい。弱虫くらいがちょうどいい」

「別にポケモンなどやらなくても、ちょっと徹夜すれば、すぐに机の上に小さなおじさんや、見たことのない黒い生き物が現れる」

揺らぎながら

僕は自分が広告を担当したものの中で、広告がよかったから売れたんだと確信できたことは、実は一度もない。広告がイマイチだったから売れなかったのかも知れないと疑心にとらわれることはよくあるけれど。

いつも僕は自信がない。これでいいはずだと思ったとたん、すぐにこれでいいのだろうかと不安になる。むずかしいテーマを形にしなければならないときほど、本当は確信と自信が必要なのにいつもそれが欠けている。これでいいんです、これがベストですと周りを説得しなければならないのに、僕自身が揺らいでいる。とても揺らいでいる。

とはいえ、あるものを売るのではなく、これまでになかったものをつくるところから始める場合、正攻法もルーティンもないから、揺らぎながら探すしかない。

自分の仕事に自信が持てるというのは本当にすごいことだ。あれは俺がやったんだよねというアレオレを見聞きするたびにそう思う。あれくらいの自信と図太さが、きっと必要なんだろうな。ああいうふうに僕もなりたい。休日なのにそんなことをずっと考えてしまう。

骨董屋は、店構えや内装や店主の話しぶりが全部いっしょになって物語をつくっている。だから全く同じものを露天に置いても売れないのに骨董屋におけば売れるし、いい店におけば、もっと高く売れる。さらに、他の客の中に同じものを欲しているライバルがいるともっと高値で売れる。

僕はふざけているとき以外は、いつだってまじめですよ。

ドリンク剤の瓶が机の前にずらっと並んでいるのを見て「ああ、僕はたぶん未来を前借りしているんだな」って思ってちょっと切なくなった。早めに返済したい。

エスカレーターの右側を開けるべきか左側を開けるべきかという議論をしている人がいるんだけど、そもそもエスカレーターは歩いちゃいけないので、どっちも開けなくていいんだよといいたくてウズウズしてるし、その議論しながら道ふさぐのやめて欲しい。

「いやもう鬼のように忙しい」って言ってる人がいるんだけど、鬼ってそんなに忙しくないと思う。

受け入れる態度

ニュースなんかで「現場から外国人の男らが逃走……」っていうような原稿を耳にするたびに、どうやってその男が外国人だと判断したのだろうかといつも不思議に思う。外見から？　言葉から？　日本語を話せない日本人なんていくらでもいるし、アジア系じゃない日本人だって、数は少ないかも知れないけれど、いなくはない。でも警察もニュースのつくり手も、そうは考えない。日本人はアジア系で日本語を話すもの。それ以外は外国人。何かあれば、たぶん僕も外国人って言われるのだろう。僕が今までで一番驚いたのは成田空港で職員に声をかけられて、パスポートを見せた時だったかな。

「あなた日本の方ですか？」

「ええ、だから日本のパスポートを持っているのです」

「ですが……」

「何か問題でも？」

そう聞いたら、職員に「ふつうの日本人はこういう名前じゃないですからね」と言われたんだよね。「ふつう」って何だろう。子供のころからずっとそういう感じだったから、いまさら怒ったりはしないけれど、空港でさえそれなんだもん。けっきょく日本人かどうかって、周りとすべてが同じかどうかで決まるんだよね。国籍、外見、文化、言語、教育。少しでも大多数と違っているところがあれば、それは排斥すべき他者にされてしまう。

最近、銀座の街を歩いていると、大きな声で中国語を話しながら、両手いっぱいに買い物袋を持っている人たちの姿をよく見かける。みんなは彼らのことを中国人だという。だけど彼らの中にだって「日本人」はいるかも知れないんだよ。でも、そんなことはどうだっていい。ロンドンで、パリで、ニューヨークで、目の前を行く人たちを「この人は何人なのか」なんて考えたことはない。僕はもう、どこに行っても「日本語が上手ですね」「お国はどちらですか」と言われるようなこの国では普通には生きていけないと諦めているし、特に何も期待はしていないけれど、いったいいつまで鎖国を続けるつもりなんだろうとは思う。

世の中にはいろいろな人がいるということも理解せず、他者と共存するという考え方も根付いていないのだから、この先、移民政策なんてそう簡単にできるはずもないし、その前に二〇二〇年のパラリンピックだってうまくいくのかどうか、あやしいと思っている。

たかがニュースの原稿ひとつから、そこまで考えるのは僕の考えすぎなのかも知れない。でも、そのニュースの原稿から、僕はこの国で暮らす人たちをうっすらと覆っている排他的なメンタリティを、どこかに感じ取ってしまうんだ。自分と他者を区別して、他者を拒絶するのは案外と簡単なことだし、僕たちはそうしてしまいがちだ。

だけど本当は、自分の中にも他者はいるし、他者の中にも自分がいる。そのグラデーションを受け入れる態度こそが多様というものなのだと思う。

海外でロケしているときに何がいちばん悲しいって、海外ドラマが見られないことだね。

やっぱりわかりやすい答えが欲しい人って多いんだなあ。それっぽい答えを手に入れたら安心できるのだろうけれど、答えなんて本当はどこにもない。もしあるとしても、疑問と疑問の隙間からほんの一瞬ちらっと遠くに見えるだけで決してそこには届かない。必要なのは、答えのない世界を受け入れる覚悟。

テヘ・ペロウ（伊 1871-1933）思想家。当時の論理謝罪派に対し感情舌出論を唱え、あらゆる人間関係の障壁は感情と舌の表出によって霧散できるとした。二十世紀に入り「十七歳派」や「振津子派」などに分派した。（民明書房『誤魔化論考』より）

芸能人をテレビに出すなんて、芸能人になれなかった人への配慮が足りない！　食事シーンを映すとは、お腹が空いている人に対する配慮が！　そもそもテレビを持っていない人への配慮が！

もしも世界が百人の村だったら、友だち百人できないだろうな。

日本語の「愛」って言葉は「大切にする」って感覚が一番しっくりくるような気がしている。英語の「Love」よりも速度がゆっくりしている感情。

いま羽田空港にいるんだけど、保安検査場に来るまで、自分が家にカバンを忘れてきたことに気づかなかった僕ってちょっとすごいなって思ってる。

鴨「えー、B定食お願いします」店員「いまライスのおかわり自由っすよ」
鴨「あ、そうなんですね」
店員「おかわりします？」
鴨「いやまだ頼んだ料理も来ていないし」
店員「すぐにおかわりお持ちしまっスね」
鴨「え？」
店員「おかわり入りました！」
店員2「はい、おかわりー」
店員3「ライスおかわりー」
注文した料理よりも、ライスのおかわりが先に出てくるってなんだよここ。異世界か。

僕は今日も卑怯なまま

たいていの人は後悔を抱えている。もちろん僕もいくつかの大きな後悔を抱えている。

普段は心の底にある水の下にそっと沈んでいるのに、それが何かのきっかけで、ときどきヌラヌラとした細長い頭をもたげて、心の底からこちらを見上げてくる。

なぜ僕はちゃんと最後まで見届けなかったのか。なぜ傷つけてしまった相手に謝らなかったのか。なぜ手を差し伸べられたのに、そうしなかったのか。なぜあの時かかってきた電話を無視したのか。これまでのことを全て無かったことにして逃げるのか。お前はそれで構わないのか。後悔は次々に浮かび上がり、過去が束になって今の僕を糾弾する。

やってしまったことの全てを元に戻せるわけではない。それでも、いつか何かの形で返したいと思っている後悔はある。けれども僕の日常の中ではそれらはすっかり忘れられ、何かのきっかけがなければ思い出すことさえない。

最初に謝ろうと思っている人は決めている。僕は彼に本当に酷い言葉を吐いた。絶望の底にいた彼を、さらに深い淵へと突き落とすような言葉を吐いた。

いつかそのことを謝りたいと思っていた。二十数年近くもそう思い続けてきた。最近になって、僕は彼をこのネットの中で偶然に見つけた。もう、いつでも声をかけることはできるのだ。あとは僕に勇気があるかないかという問題。

でも、それこそが最大の問題なのだ。

自分がいかに酷い人間なのかを直視するのは、本当に難しいことだ。このままでもいいじゃないかという僕自身の中にある卑怯な気持ちが足を引っ張る。

そして、そういう言い訳に逃げ込んで、僕は今日も彼に声をかけることなく、ただ卑怯な振る舞いを続けている。

なるほどヒトなのか

僕が知っている限り、通勤電車の中で食べたり飲んだりするのはあまりマナーの良いことではなくて、周りの人から顔をしかめられるタイプの行為だ。

でも最近は、地下鉄の中で飲食している人をわりと見かける。それもちょっとした飲物やおやつなんかじゃなくて、普通のパンやお弁当だったりするからびっくりする。

誰はばかることもなく淡々と食べたあと、その場にゴミを残し、空き缶を床に置いたまま電車を降りていくから、ますますびっくりする。

その様子は食事というよりも、まるで空腹という課題を処理するための作業にも見える。生物が生きるには、ただ栄養が摂れさえすればそれで足りるのだろうけれども、ヒトから進化した人間は、そこに長い時間をかけて食事という文化をつくってきた。

食べるという行為をおろそかにするのは文化を放棄して人間からヒトに戻るということに近いんじゃないだろうか。

なるほど電車の中で飲食する彼らは人間ではなくヒトなのか。だったらその場にゴミを残していく理由もよくわかる。

そっと窓を開けると冷たい風が部屋の中へ忍び込み、何の香りかはっきりとはわからないのに、ただ懐かしい感覚だけが鼻腔に届く。遠く近くでチリチリと繰り返される虫の音が響き、電灯の光でぼんやりと白く染められた街の中に、音の洪水が広がっていく。バイクが走り去った。ああ、夏が終わったんだな。

寝たってどうせ起きるんだから、寝る必要ないんじゃないのか？

不誠実な現状をよくしたいのなら身近な不正にも目を瞑らず、丁寧に排除しなきゃならない。僕はどちらかといえば大きな不正を糾弾するより、身の回りにあるちょっとしたズルを正したいし、そのほうが難しいと思っている。会社勤めをしていたら、なおさらそうだろうと思う。

オリンピックの歴史を調べたら、芸術競技の劇作とグライダーは、これまでメダリストが一人ずつしかいなくて、しかも劇作は銀メダルだけ。金メダル獲った人のいない種目。器楽作曲も金メダルを獲った人はいない。そして、なぜグライダーが芸術競技なのかは謎。

まだある雑文転載

僕は遅い

どうしてイベントに出るのが苦手なんだろうと、しばらく考えていたのだけど、たぶん、ゆっくりと考えられないからなんだろう。質問されたらすぐに答えなきゃならないような圧迫感があって「うーん」と何分も考え込むわけにもいかず、どうしても頭に浮かんでいることを正確には伝えられない。僕自身は沈黙を恐れないけれど、僕がしばらく黙ってしまうと一緒にいる相手やイベンターやディレクターが「早く！　さっさと何か言え！」と思っているのがひしひしと伝わって、それが辛い。

きっと、ああいったものは、頭の回転が速くて、何にでも素早く反応できる人向けの場所なんだよね。

強い人の論理

頭がよくて自信があって難しい勉強もしていて、実際にバリバリ働いている感じの若い人が、仕事があまり得意じゃない人や、ものごとがうまく行っていない人を小馬鹿にするような発言をしているのを耳目にすると、ちょっと悲しくなるというか、どこか怖いような気持ちになる。

笑えたら負け

「笑った」とか「泣いた」っていう感想はわかるけど、「笑える」とか「泣ける」っていう感想はわからない。本当はわかっているけれど、できるだけわかりたくない。「笑える」とか「泣ける」がわかったらダメな気がする。自分の感情を裸のまま出さない気持ち悪さ。うまく言えないけど、ダメな気がする。

簡単にわかっちゃいけない

「わかる」のと「わかった気になる」のはちょっと違っていて、テレビって、どちらかというと「わかった気にさせる」ものだから、あくまでもきっかけにしかならなくて、本当に「わかりたい」と思う人はそこから始めて「わかる」ところまで自分で歩いて行かないといけない。

運が向いた瞬間に

新たなサービスが登場したときや新しいアートが喝采を浴びたときに「そんなサービスずっと前に考えてた」とか「ああいうの昔からとっくにやってた」などと言う人がいるけれども、考えを実現させて世に出したこと、喝采を浴びるレベルにしたことがすごいわけで、そこにはやっぱり大きな差があるのだと思う。

そしてその差は何かというと、わりと運だったりするから「そんなの前から考えていた」っていう人は運がなかったか、運が向いた瞬間にそれを捕まえるだけの機敏さや勇気が欠けていたと思うしかない。

半分しか聞いていない

時節柄、戦争体験・証言がたくさんメディアに掲載されているのを目にするんだけれど、結局のところ戦争体験って生き残った人の話しか聞くことができないんだよね。亡くなった方の体験は想像するしかない。

でもそれはちゃんと想像しなければならないことなのだと思う。

自分自身の中にあるから

自分がズルをするからといって他者もズルをするとは限らない。自分が卑怯者だからといって他者も同じように卑怯だとは限らない。

他者を見て、ズルをするんじゃないか、卑怯な振る舞いをするんじゃないかと疑念を持つのは、自分自身の中にそういう傾向があるからなので、他者を疑う前に己を恥じたい。

筋肉は裏切るぞ

筋肉は裏切らないなどというが、それは幻想に過ぎない。筋肉は裏切る。いともあっさりと裏切る。たった数日トレーニングを怠るだけで、やつらは裏切り始める。ひと月もサボれば完全に赤の他人となる。その点、贅肉は裏切らない。少々のことがあっても、贅肉はいつも僕から離れずそばにいてくれるのだ。

広告は商品に含まれている

あれこれと外側で仕掛けるのもいいけれど、いちばん大切なのは中身をちゃんとつくること。みんなに喜んでもらえるものがつくれていたら、もうそれだけで広告は殆ど完成している。

もちろん誰にも知られないままだと、どれだけいいものをつくっても手にしてもらえないから、知ってもらうことは重要だけれど、ちゃんと喜ばれるものがつくれているのなら、シンプルに中身を伝えるだけでいい。

広告にとって一番大切なものは最初から商品そのものに含まれている。外側をいろいろやりたがるのは、中身に自信がないから。

せっかくなら

なんだかお正月から、感情に任せてせっせと他人の悪口をツイートしている人がいるけれども、せっかくのお正月なんだから、その場限りの感情に振り回されたような悪口を書いたりせず、いちど肩の力を抜いて、しっかりと丁寧に考えた上で、確実にトドメを刺しに行く悪口を書かなきゃ勿体ないよ。

全員が自分だと困る

「どうしてあいつは〇〇なんだ」とか「なんで男は」「なんで女は」「どうして大人は」「どうして学生は」のように「なぜあの人はそうなのか?」「なぜ自分とは違う考え方を、違う行動をするのか?」と疑問に思うことはよくあるし、よく耳にもするけれど、答えは簡単で「それぞれ別人だから」。

違っているのは当たり前。全員が自分と全く同じなら、自分なんて不要。だからこそ、多様性って重要なんじゃないかなと思った。

コピー

向かい合って、先生の読む通りに読み、立ち居振る舞いも同時に身につける。まなぶはまねぶ。人間をそのまま写していく。弟子は師匠のコピー。子供は親のコピー。鮮明になるか劣化するかは環境や能力で変わるけど、コピー元の質はとても大切。だからこそ、江戸時代の武家や商家は遠方からはるばる有名な先生を招いた。オーストラリアの名作ＣＭ「Children see. Children Do.」もテーマは同じ。子供は親のコピーっていうよりは、子供は大人のコピー、だな。

リハビリテーション

そういえば、事故の後のリハビリってどういうものだったのか？　みたいなことを聞かれたので、ぼんやり考えていたんだけど、僕の場合は「脳のプログラムを書き換えた」っていうのが、イメージにいちばんぴったりはまるような気がする。

切れた足をつなぐとき、神経は適当につなぐ。ある程度動くけど、思い通りに動かない。動かし方がわからない。逆に動くこともある。あべこべに配線された電気機器のようなもの。

僕の場合、これを修正したのがリハビリ。体を修正するのではなく、脳から出す指示のほうを修正していく。プログラムの書き換え。右ハンドルから左ハンドルに乗り換えたときにまごつくのが、しばらくすると修正されるってのに近いかも。

初心者って、最初はウインカーの代わりにワイパー動かしちゃうよね。

置板漁

卵から孵ってまもない板カマボコの幼生には、まだ板はなく、その多くは成長とともに体の大きさにあった板を見つけて乗り替えて行く。この習性を利用して、手ごろな板を海岸に置き、板カマボコが乗ったところをすばやく収穫するのが、置板漁である。

野球理論

野球にあまりというかまったく詳しくない僕が、どうすれば野球チームが強くなれるのかを考えた結論。
一、ピッチャーがあまり打たれないよう練習する
二、バッターがたくさん打てるよう練習する。
三、守備の人がボールを上手く捕れるよう練習する。
四、ランナーの人が速く走れるよう練習する。
五、みんな仲良くする。
結局のところ、野球はね、たくさん点を取ったほうが勝ちなんですよ。

遥かに強い意志

なんとか気を張っているけれども疲れが限界にきている。
どうしてもうまく行かず、先が見えない不安で頭がいっぱいになっている。
突然家族を失った悲しみの大きさをまだ昇華することができずにいる。
仕事がなく行き場がなく途方に暮れている。
嘘や誤解や悪意から放たれるいわれのない言葉に深く傷ついている。
ケガをして病気をして齢を重ねて身体だけではない痛みを感じている。
この国にはそんな人たちがたくさんいる。
いつ誰がそういう立場になるかはわからない。
そして、そうなったときに初めてこの国が今どれほど冷たいのかを知る。
彼らを守ることもできずに、彼らの不安を取り除くこともできずに、いったい誰を守ろうというのだろうか。
誰かを守るというのは勇ましく格好いいことなんかじゃない。
地味で泥臭くて時間のかかることなのだ。
とてつもない覚悟と共にどこまでも粘り続けることなのだ。
わかりやすく敵と決めた相手に向かって拳を振り上げるよりも
遥かに強い意志が必要なことなのだ。

まだあったインチキ格言集

「迷っていることに気づかないうちは、
まだ迷子ではない」

「おじさんになるといつも眠い」

「インターネットを検索して見つけら
れるのは、過去だけである」

「本とは、ブックである」

「パソコンは飼い主に似る」

「空気が体に悪いことは
あまり知られていないが、
空気を吸っている人の致死率は、
食事をする人の致死率と
同じく一〇〇%なのである」

「物語は文章と文章の間にある。
意味は言葉と言葉の間にある」

「正しいことが
善いことだとは限らない」

「『音楽バカ』というのは、何よりも音楽のことばかりを考えている人のことだが、『バカ音楽』というのは、たった今、あなたの頭の中で流れたその曲のことである」

「誰が何を言ったのかはとても重要なことだけれども、誰が何を言わなかったのかも同じくらい重要なことだ」

「自分の起床力を信じてはいけない」

「すっぴんとは『素でもべっぴん』の意である」

「渋谷で道に迷うのは、渋谷が現実ではなく概念だからである」

「半日は一日の半分であるが、半日仕事を一日に二つできるかというと、そういうわけでもない」

「東京二十三区と言うが、本当は、だいたい八区くらいしかないのだ」

「僕くらいの達人になると仕事の依頼が来る前に、先にこちらから断る」

「気を遣うのと、顔色を伺うのは、まるで違うことである」

タイムマシン

深夜になって、激しく窓を震わせていた繁華街の騒音がようやく遠ざかり始めた。夏はいつもこうだ。部屋の半分ほどを占めているベッドの上で男は寝返りを打った。暑さのせいで、いくら眠っても疲れが取れない。男の眉間には皺が寄ったままだ。

ワンルームマンションの一室には湿気がたっぷり溜まっているのに、壊れた空調からは生温い風しか出てこなかった。だが、窓を開ければ高層ビルの吐き出す熱気がたちまち部屋の中をサウナに変えてしまう。

あまりきれいだとはいえない部屋だった。小ぶりなタンスの引き出しは半分開かれたままで、木目調のカラーボックスには文庫本や車の置物といっしょに、丸められたネクタイがいくつも突っ込まれている。

キッチンのすぐ前にある小さな机の上には、どこかの景品でもらってきたらしいボールペンと、一冊の手帳が置かれていた。使い始めてからずいぶんと日が経っているのか、最初は淡いクリーム色だったであろうヌメ革の手帳カバーは、すっかり飴色に変わっている。

一日一ページで区切られているその手帳は、今日の日付のページが開かれていた。手帳には、これまで男の過ごしてきた様々な一日のできごとと、これから男の過ごす様々な一日の予定が書き込まれている。ここには男の過去と未来が同時に存在していた。

ふいに男が目を開けた。「ああ、暑い」そう言って天井をしばらく見つめたあと、のっそりと起き上がり、キッチンに立ってコップに水を注いだ。ひと息に飲み乾す。

男は手帳に目をやった。「暑いから」言いわけをするような口調でそう言ってから、無造作に手を伸ばして手帳をパラパラ捲ると、数か月先のページを開いた。そのまま手帳を机の上に置き、ベッドへ戻る。

やがてゆっくりと部屋の温度が下がり始めた。男は足元に散らかされていたシーツを引っ張り上げて、身体を包み込む。過去と未来が同時に存在する部屋の中に、いつしか秋の気配が漂い始めていた。

（初出　『ほぼ日手帳公式ガイドブック2019』二〇一八年八月）

度胸

テレビ放送が始まって間もないころは、品位や秩序をいちいち考えて番組をつくってなどいなかったはず。

やりたいからやる。おもしろいからやる。びっくりさせたいからやる。珍しいからやる。大切だと思うからやる。必要だと信じるからやる。

そういう勢いでつくられた番組がテレビ放送という新しいメディアを牽引してきたんじゃないのかな。

誰からも怒られないようにビクビクしながらつくられた番組がどれだけ並んでも、それが新しい時代を引っぱることは無い。

もしもテレビ局が再びコンテンツキングになりたいのなら、そこに必要なものは度胸なのだと僕は思っている。

だから僕は度胸を持ちたい。

何も恐れずに思い切って無茶なものをつくる度胸を。みんなが呆れ果てるような、ダメなものを平然と送り出す度胸を。その時代が抱えるたくさんの問題を真正面から撃つ度胸を。

そうしたら私が「本当にそれってニュースなの？」と聞きますのでみなさんは「もちろんですよ」とさらに答えてください。
はい、小遊三さん早かった。

ものごとを「気に入らない」から失くせと声高に叫ぶ者は、いつか「気に入らない」からお前を世界から失くそうと言われたとき、闘う言葉を持ち得ないだろう。己の「気に入らない」は、他の誰かの「気に入る」なのであり、各人の好みを表明することはできても、それをもって他者を裁くことはできない。

世の中には経費の清算とか請求書を書くとか、そういうことの得意な人がいて、そしてどちらかといえば、そういう人は全体的なルールづくりも得意で、自分にできることをルールにするから、そういうことの苦手な僕はもうどうやってもルールについていけないし、これぜんぶシュレッダーにぶち込みたい。

何階に車を駐めたのかさっぱり思い出せないので、六階から順番に探して二階で発見した。なぜ一階から探さなかったのか。

まだ残っている

対立を伴う大きなトラブルに巻き込まれている人に「あんたは正しいからそのままの姿勢を保つべきだ」とか「応援しているから今のままがんばってください」とかって言うのはわりと簡単だし、そう言う人はたくさんいる。

でも、実際には渦中にいる人に言葉以上の支援をする人はあまりいないし、自分もそのトラブルに巻き込まれることを厭わずに、それでも支援・応援をする人はもっといない。

僕は自分がかわいいし、面倒なことに巻き込まれたくはないし、最後の最後にはきっと保身に走る卑怯なタイプだから、安全な立場から口先だけの応援をしたい。

でも昨日、その人がそのままの姿勢を保ったり、今のままでいるために必要な資金やリソースやアイディアを提供もしないで、ただプレッシャーになるだけの応援はしないように気をつけようって思ったんだ。

その人が今のままの姿勢や態度を保つことが、本当にいいのかどうかってこともあるし、当事者じゃなければわからないことを、表面的な印象だけで判断するのもアレだと思うしさ。だから、何の役にも立たない言葉だけの応援はとりあえずやめておく。

だけど。

いっしょに火の粉はかぶりたくはないけれど、まあこっちに飛んできたら振り払うことくらいはするよ。気が向いたら牙をチラリと見せるくらいはするよ。たぶん僕にもまだ牙は残っているから。

だからがんばれ。今はがんばれ。

残されたもの

考えごとに行き詰まると、僕はなぜか料理をすることが多い。材料を並べ、手順を考え、体を動かしているうちに、なぜか不思議とアイディアを思いつく。料理をしている間は、料理のことだけを考えているものだから、それが、凝り固まって動かなくなった古い考えをどこかへ押し流してくれるのかも知れない。

明確にあれを食べたいと思ってつくることもあるけれど、大抵の場合は、何かしら完成形のイメージがあって料理を始めるわけではないので、あまりレシピは見ない。冷蔵庫の扉を開けて中を覗き込み、そこにあるものを使って何ができるだろうかと考えるところから始めるのが楽しいのだ。

材料を切りながら、あるいは切った後で、これをどう使おうかと考える。炒めるつもりでフライパンに入れたあと、急に汁物に変えてみたり、なんとなく目指していた味をガラリと変えてみたりと、レシピがないぶん、いくらでも僕の自由にできる。その代わりにそれなりのリスクも負うわけで、もちろん手痛い失敗をしたこともあるけれども、手元にあるものだけを使っておいしい料理をつくることには、レシピ通りにつくるのとはまた違った喜びがある。ほら見てくれよ。どうだ、あれだけの材料でここまでの料理がつくれるんだぞと自慢したくなる。そういうこともあって、得意料理は何かと聞かれたら、僕は「その場にあるものを使ってつくることのできる、いちばんおいしい料理」と答えることにしている。

実話を元に制作された映画『アポロ13』では、トラブルによって地球への帰還が危ぶまれた宇宙船の乗組員たちが、地上職員たちとともに知恵を絞り抜き、船内にあるものだけを使ってトラブルを解決し、なんとか無事に戻って来る。命のかかっている極限状態で、他からの支援は一切得られない。できることは殆どないが、彼らは諦めない。そのタフさに僕は痺れる。

そういえば僕の元に寄せられるテレビ番組や広告企画の依頼も、その殆どが、予算も時間もないが、とにかく何かしらの形にして欲しいというものが多い。予算も時間もあるに越したことはないけれど、今あるものだけでできるベストな方法を探ることを僕はかなり楽しんでいるし、どうやらそれが性に合っているようだ。

パラリンピックの父とされるルートヴィッヒ・グットマン卿の残した言葉に「失ったものを数えるな。残されたものを最大限に活かせ」というものがある。書き方によっては、とんでもなく誤解されそうだが、パラスポーツは僕の料理やアポロの宇宙船と同じようなものだなと考えたことがある。

ひとりひとりの冷蔵庫に残されている材料を使って料理をつくり、その味を競う。今あるものを最大限に活かして、最高の結果を求める。そのために切磋琢磨する。

それがパラスポーツの面白さの一つなのだと僕は思う。だから、結果に驚くのは当然だけれども、それぞれの持っている材料の違いや、創意工夫の仕方を楽しむこともできるのだ。

選手とともに戦う伴走者というユニークな存在を知ったのは、パラリンピック放送を宣伝するCM企画の取材をしているときのことで、崇高な理念を持ってパラスポーツに関わっているのだろうと思っていたら何のことはない、彼らもまた貪欲に勝利を求めるアスリートだった。ただ、その勝利は自分自身の勝利ではないことに僕は惹かれた。自分ではなく、他人の持っている材料だけを使って、勝利を目指す。

それは、僕の料理よりもアポロに近いと思った。そして同時に、僕たちは誰もが彼らと同じようになれると感じた。

傲慢で身勝手な障害者も、やる気のない障害者も、現実にはいくらでもいるのに、なぜかフィクションの世界にはあまり出てこないし、特にパラスポーツが関係してくると、不屈の精神だったり、逆境を乗り越えたり、という話が多くなってくる。それはそれですばらしいことだけれども、僕はもう少しだけダメな連中を描きたかったので、書くことにした。

著作の宣伝をたっぷりしようと思っていたのに、気がつけば残りスペースがなくなりつつある。ともかく『伴走者』を一度手にしてもらえると嬉しい。

（初出　講談社『本』二〇一八年二月二十七日号）

壁をつくっているような

一昨年も去年も、僕は公式のツイッターアカウントで「まもなく十四時四十六分です」とツイートしてきた。でも今年は、そのツイートをやめようと思っている。いろいろ考えて、けっこう悩んで、それでもやっぱりやめようと思っている。

なんて言うかね、ふだんまったく見かけないような言葉が急にタイムラインに流れ出すのが、その瞬間だけ「黙祷」だとか「忘れちゃいけない」なんていうツイートで溢れ返るのが、なんだか嫌になったんだ。

それをずっと考えているうちに「まもなく」ってツイートをする意味も理由も、僕の中から消えてしまったような気がするんだよね。

やる人はやる。放っておいても何かをする。とっくに体を動かしている。汗をかいている。小さなことかもしれないけれど、出来ることをやっている。やりたくてやっている。

だから、たった一日だけ「忘れません」とネットに書いて、それで何かをしたような気になって、それで満足する人たちに向かって、僕はもうアクションを起こす気にはなれないんだ。

考えすぎなのかもしれない。もっと自然に振る舞えばいいのかもしれない。

でもやっぱり、もういいんだ。殆ど何もできないけれど、それでも僕は僕なりに、自分にできることをやるだけでいい。そう思ったんだよ。あまり役に立っているとは思えないけれど、せめて一緒に食べて飲んで笑うことくらいはできるからね。

もちろん僕だって、メモリアルデーがあることで記憶を留められるという面があることはわかっている。忘れて欲しくないのだ、忘れられたくないのだとそれを強く願っている人たちがいることも知っている。

でも僕は、すっかり忘れている人たちに「ぜったいに忘れない」とたった一回言わせるよりも、急に神妙な顔つきをして見せるよりも、その場でいっしょにいる人たちと、むしろ、バカ話をして大笑いするほうがいいと、そう思ったんだ。

だからもう「まもなく」なんてツイートはしない。

ツイートしないならしないで、やっぱりまたいろいろと言われるんだろうけれどさ。

でも、そう言ってくる人たちこそが、誤解を恐れずに言うと、僕にとってはどうでもいい人たちなんだ。

そのツイートをするたびに、何か壁をつくっているような気がするから。まるで、そのときだけでいいって言っているような気がするから。

だからもう「まもなく」なんてツイートはしない。

気に障ったらごめんね。でもこれが、今の僕の正直な気持ちなんだ。

十人いたら、その中の四人くらいが何となくわかる、確かにそうかもねっていうくらいの企画がちょうどいい塩梅だと思う。全員がわからないのは困るし、全員が納得するなんてことはありえないし。九人が反対して一人がすごくプッシュしてくれるケースは、嬉しいけれどあとあと大変になる。

空気に逆らうことはできないんだな。自由に空気をつくりだせる人はすごいね。そして、その人たちもまた、いずれ誰かがつくった空気を吸うことになるのだろうな。いつか吸うその空気がきれいな空気だといいね。

こんな時間に営業の電話がかかってきてびっくりしたんだけど､向こうも｢うわあ､しまった！　まちがえました､すみません！｣ってなぜかびっくりしてた｡何がしたかったのかわからない｡ちなみに畳の営業だった｡

できることがあるときは、できることをする。できることがないときは、できることのある人たちをそっと応援する。あまり強く応援しちゃうと、重荷に感じてしまうかも知れないので、そっと。

僕は自分が見たくないものをわざわざ見ようとは思わないし、できるだけ目に入れないようにするけれど、それを無くせとか変えろとか、そんな風には思わない。気が変わって見たくなったり、好みが変わって好きになったりするかも知れない。何かの存在を否定するのは、自分の未来や可能性を否定すること。

♪～
　クリティカルな　ミッション
　だから　そんな
　エクスキューズに　アグリー
　でも　それは彼の
　彼のマターなの
　アジェンダのステータスは
　今からオーソライズ
　リスケがフィックスしたら
　彼もアサインして
　私にもデプロイしてね
　コミットだよ
　ダメよダメよ　コミットよ
　朝まで踊りたいエビデンス
～♪

死はいつも僕たちの背中に張りついているから、他者の死は見えるけれども自分の死は見ることができない。ときどき鏡で映してやらないと、そこに死があることさえ忘れてしまう。

猫と犬と

（第四条　ねこ業務）

ねこ社員の行う主たるねこ業務（以下、業務という）は睡眠業務とごはん業務、及び人間が働きすぎないよう原稿用紙又はキーボードに乗る監視業務である。又、臨時業務として、カーテンにぶら下がってビリビリにする等の破壊業務、並びに机の上にあるものを床へ落とす業務等がある。

人間が動物を選ぶんじゃなくて、動物のほうが家族になりたい人間を募集・審査するんだって考えるといろいろわかりやすい。家族になるには資格がいる。

あの犬が大好きだった。僕が子供から大人になるまでいつも一緒にいてくれた。もっと幸せにしてあげられたはずなのにと、ずっと後悔している。いま僕の周りでゴロゴロしているねこたちには内緒だけれど、今でもこの犬のことが頭のどこかに残り続けている。

すべてのねこは、犬である。

ダメな犬はいないし、怠け者の猫もいないけれど、人間にはそのどちらもいるし、場合によっては両方のこともある。

人間といっしょに暮らす動物の仕事は「元気でいること」なんだろうけれど、たぶん「かわいいこと」もときどきバイトでやっていると思う。

資本主義の猫とか資本主義の鶏だっていていいと思うんだ。犬ばっかりずるい。

人間と暮らしている犬や猫は、人間がいなければごはんも食べられないいし、水だって飲めない。大人になったら独立して家を出るってわけでもない。自分で缶詰を開けることはできないし、空調を操作することもできない。ものすごく弱いのに「わたし弱いんです」なんて言わない。ただ、ひたすら信頼してくれる。生きていくためのぜんぶが人間にかかっている。人間が命のぜんぶを預かっている。

それって、ものすごいことだし、あれこれ考えると怖くなる。

野生の動物は、歳をとったりケガをしたりすると生きていけない。老犬や老猫が存在できるのは人間と暮らしているから。そう考えると、動物といっしょに暮らす僕たちの責任は本当に大きいのだなと思う。

もっとも、当のねこ社員たちは、あまり考えていなさそうだけど。

四匹のねこ社員のうち、二匹はもう十歳。最近寝ていることが多くなったように思う。かなり体力も落ちてきた。走らなくなったし、以前はひょいと勢いよく飛び降りていたところからも、そろりと慎重に降りる。

猫や犬の歳の取り方は僕たちよりもずいぶん早い。来たときには掌に乗るほどの仔猫だったのに、あっという間に大人になって、やがて僕たちを追い抜き、そしてたぶん先に逝く。だからこそ、この家で暮らせてよかったと思ってもらえるように、かわいがろうと思う。

うちにいるねこのひとたちは、どれほど楽しそうなおもちゃよりも、その辺にあるメモ用紙を丸めて投げてやったほうが喜ぶので、すごく安上がりでいいんだけれど、これならどうだ！　と満を持して舶来のおもちゃを与えた後なんかはかなり残念な気持ちになるし、箪笥の下に膨大な量のメモ用紙が溜まってる。

猫を見ていると、調子が悪いときやケガをしたときには、こっそり隠れるようにして、じっと寝ている。ごはんもあまり食べず、水をときどき飲むだけで、あとはじっと寝ている。僕たち人間はどれほど調子が悪くても、そうはしない。無理やり動き働こうとする。たぶん僕たちは、自分が動物だってことを忘れているんだろう。

ねこ社員に「ほら岩合だよ、僕は岩合だよ」って言ったらすごい勢いで逃げられた。

ねこ社員たちはスケジュール管理がまったくできない。

ねこ社員は四匹。でも、ときどき五匹目の架空のねこ「シロ」に声をかけてやる。

「シロ、おいで。おやつだよ」

見えない存在の頭をそっと撫でてやり、見えないおやつをやっていると、現実のねこ社員たちがざわざわし始める。ここに何がいるのだ？　おやつなのか？　という顔つきで近づいてくる。

かつおぶしの袋を開けたときの、ねこたちの大騒ぎが好き。

かつて、ひとりの猫様がキーボードに、もうひとりの猫様がマウスの上に飛び乗ったのじゃ。そうした神々の戯れに、わしら人間が翻弄された証が、先ほどのツイートじゃ。

クロネコヤマトさんの丁寧さに感動したから、うちのねこ社員を研修に出したい。

ここのところ、あまり遊ばせていただくことができなかったせいか、ねこ様たちが神々のストライキに入られた。ねこ様たちは、まずトイレを使うことを拒否された。ああ神よ。どうかトイレを使いたまえ。あなたの忠実な下僕は今、トイレクイックルを手に悲しみの涙を流しております。

すべてねこに従え。

すべてねこのもの。

どうぶつと僕たちは今後どう暮らしていけばいいのか。たぶん、現在とこの先の超高齢社会とでは、その関わり合い方も変わっていくのだろう。でも、どうぶつたちは、そういうことあまり考えないから、僕たちが考えなきゃね。

どうやらこの数年、僕は動物からいろいろなことを学び直しているような気がする。もちろん、ねこ社員たちからも。

ねこは、僕の中では「しょうがない人たち枠」に入ってる。僕もその枠に入りたい。

ねこ社員たちが、机の上からリモコンを落とす業務に夢中になりすぎた結果、エアコンの制御ができなくなりました。なお、リモコンを落とす業務を終えたねこ社員たちは、すでに耳かきの梵天を囓り取る業務へ移っております。

ねこ様が隠れているのに気づかず閉じ込めていたようで、仕事部屋の中からにゃあにゃあ激しく鳴く声が聞こえるのでドアを開けたら、ものすごい勢いでねこ様が飛び出して行ったんだけど、二分もしないうちに戻ってきてゴロゴロいってるし、すぐまた部屋の隅に隠れようとする。

ねこ様はたとえ何かに失敗してもあとに引きずることはないし、けっして後悔などしないし、無敵。

ねこ様の寵愛なくして我々は存在など出来ぬのだよ。

ねこ様は申された。

「にゃあ」

人間が頷くと、ねこ様はさらにこのように申された。

「にゃおお」

人間は従うしかなかった。

ねこ様をなでたら、体に鶏そぼろがついていたので、おそらくお忍びで台所をご探索されたであろうことが明らかになった。

高校生のころ、八百屋でバイトしていたときにきゅうりを盗むねこ様がいて、飼い主のおばさんが「ホンマにもう恥ずかしいわ……どうせやったら魚屋さん狙って欲しいわ」って言ってたのを思い出した。確かにどこか恥ずかしい気もする。

江戸しぐさみたいなインチキには興味がないけど、猫しぐさはかわいいから許すしもっとやって欲しい。

所用も片づき、やっと仕事ができると仕事部屋に一人籠ると戸の外でねこたちがニャーニャーうるさい。あまりに悲しそうな声を出すので部屋の中に入れてやると原稿をぐちゃぐちゃにしたり、机の上にあるものを落としたり、キーボードに飛び乗ったり。これはたまらんと部屋から出して鳴き声を我慢していたら戸の前で粗相をされた。世界よ、これがねこだ。社員なのになぜ仕事のじゃまをするのか。

床暖房はねこ様の楽園。

お前が深淵を長く覗き込むとき、もしも深淵の底に猫がいたらその猫はお前を見返しているかもしれないし、見返していないかもしれない。それに、そもそも猫はいないかもしれない。

猫カフェにいる猫たちは、つまりプロの猫なのだろうか？

弊社のねこ社員たちが一斉にストライキへ。全員ソファでごろごろ。僕がねこ社員たちを飼っているんじゃなくて、ねこ社員たちが僕を雇っているんじゃないかという気がしている。

確かに六時に起きたはずなのに時計を見るとなぜか今はもう十時だ。僕の四時間はどこに行ったんだ？　布団か？　布団の中なのか？

失われた四時間を探して、人類は再び布団の中へ向かおうとした。だが、すでに布団は猫たちによって支配されていた。はたして人類に道は残されているのか。

かつて災害救助犬の取材をしたことを思い出した。災害時には注目されるけれど、ちゃんと働くためには長い時間の訓練が必要だし、健康じゃなきゃいけないし、適性によって得意な現場も違うから、一度も出動しないまま引退する犬もいる。犬たちの見えない努力の時間が、僕たちのいざというときを支えている。

『フランダースの犬』が最初に日本で翻訳出版されたときには、ネロはきよし、パトラッシュはブチという名前に変えられていた。ちなみに、アロアは綾子。

むかし飼っていた雑種犬。写真は二枚しか残っていない。もっとたくさん写真を撮っていればよかったな。今ならデジカメや携帯でいっぱい残せるんだろうな。

祖父はもともと動物が嫌いだったんだけど、あの犬はそういうことをまったく気にしないでものすごく甘えるもんだから、祖父もだんだん夢中になって、最後は犬のいいなりになってた。

ああ、犬よ。お前たぶんそういう店をやればよかったんだよ。きっと、お客からがっぽりせしめられたぞ。

（第十一条　睡眠の自由）

ねこは社員は好きなだけ寝ても良い。また、どこで寝ても良い。

止まれないといえば、みんな止めたほうがいいと思っているのに、なぜか止まらない、変えられないってこともたくさんあるよなあ。個人個人で話していると、誰もが「あれっておかしいよね」「止めたほうがいいよね」って言うのに全体になるとなぜか止まらないから本当に不思議。

このモヤモヤとした言葉の前にある膨大な何かのうち、いつか言葉にできると思えるものなんて、ほんの僅かしかないし、それだって言葉にした途端、元の何かとは別の何かに変わってしまう。

ネットだってリアルと同じくらい誠実さが問われると思うんだ、僕は。ちょいとごまかすとか、少し騙すとか、そういうやり方ばかりしていると、いずれ廃れる。

悪口を言われると凹むから悪口を言う人はあまり好きになれない。でも「あいつが君の悪口を言ってた」とわざわざ教えてくれる人はもっと苦手だし「あいつが君の悪口を言ってるから黙らせるべき」とか「あいつとは戦うべき」なんて言う人はさらに苦手。放っておいて欲しい。

おでんの煮卵は、何万年もかけて自らの色を出汁の色に似せることで、敵に見つかりにくくなるように進化したのである。

この世にはネットに載っていないものや情報なんていくらでもあるんだけど、その逆に、現実には存在していないのに、ネットにだけは無数に情報が流れているせいでまるで実在するかのように思われている土地もある。たとえば名古屋のように。

すぐ近くまで来ているのにどうやっても入り口にたどり着けない呪いをかけられたようだ。一流の方向音痴の実力を思い知るがいい！

えび満月が好きだとこれだけ何度も言っているのに、えび満月は一度も僕のことを好きだと言ってくれたことがない。理不尽だ。

窓が開いていたから、お隣の奥さんが子どもに「単四の電池あったっけ？」って尋ねる声がとてもよく聞こえてきて、ぼんやりしていた僕は「たぶんないと思う」ってうっかり返事しちゃって、お隣の子ども爆笑。

運だけで生きている

二十年経ってあらためて思うのは、復興はしないってこと。新しく進むしかないんだってこと。なかったことにはできないから、あったというところから始めるしかない。それがやがて混じり合っていく。普段は意識しなくなる。忘れるのとは少し違っている。それまでとは世界が変わるって感じ。

東遊園地。雨は上がったから良かったけど、人が多すぎてえらいことになってる。ロウソクの献火ができなそうなくらい。メディアの数がとにかくすごい。来年はきっと来ないんだろうけど。

二十年。あの日たまたまもう一度生まれた人たちの二度目の成人式。僕らは運で生きている。広い意味で言えば、たぶん、運だけで生きている。

雨が雪に変わる瞬間が見たくて、窓を開けてずっと待っているのだけれども、かなり寒い。手がかじかんできた。

神よ、迷える子羊にジンギスカンのたれを与え給え（塩だれと玉ねぎだれを１つずつお願いします）。

もっと社会的意義のあるツイートをしろというリプをもらったけれど、社会的意義のあることがしたかったら、たぶんツイートじゃない方法でやったほうがいいと思うんですよね、僕は。

会社員時代は、上司からのメールは自動的にゴミ箱に入るようにしていたんだけど、今は上司がいないからその技は使えない。

今まで復興住宅の前から代行バスが出ていたんだけど、これからは駅まで歩かなくちゃいけないから面倒くさいんだよって、嬉しそうに愚痴をこぼしている人がいた。ただの空き地にポツンと無人駅が一つだけ。周りには何もない。駅前に最初の店ができるのは半年後らしい。それでもすごく嬉しそうだった。

更衣室で大臣がエロ下着を身につけながら馬鹿トークをするモンティパイソンのスケッチ。ちょいちょい下品だったけれども、それでも笑いのベールで包みながら、ちゃんと戦っていた。あれから四十年経って、僕たちはああいう武器をどこかに置き忘れている。

今日もかなり濃密な一日だった。一日を終え、そのあまりの濃密さにぐったりしている。こんなふうに濃密な日の続くことに感謝しつつ、できればもうちょっと薄くていい。和紙くらい薄くていい。ペラッペラな一日でいい。透けて見える一日で構わない。

流行りものは廃りもの。ブームになると消えるのも早い。若者に訴求したいからといって、今、若者にウケているものをがんばって追いかけるより、自分がおもしろいと思えるものを丁寧につくるほうが結果的には長く親しまれるものができると思う。

海外で「日本には忍者がいるんだよね？」と聞かれたら「もうあまりいない。僕が子供のころでも、同じ学年に一人か二人しかいなかった」と答えるようにしている。

明日、帰る

来るたびに思う。ぜんぜん変わらないと。そして、かなり変わってきたなと。そんな二つの正反対の感覚が同時に湧き上がる。

僕が伝えていることに意味はあるのか。僕がつくっているものに力はあるのか。はたして僕は役に立てているのか。僕の日々やっている事は何かの役に立っているのか。

言葉だけでごまかそうとしていないか。外見だけで済まそうとしていないか。頭でっかちになっていないか。胡座をかいて偉そうに能書きを垂れているだけになっていないか。ちゃんと汗をかいているか。この手に土はついているか。この身体に血は流れているか。

ここに来る資格はあるのか。ここで暮らす人たちと話す資格はあるのか。忘れていないか。逃げていないか。目を逸らしていないか。自問する。どこまでも自問する。
答えの出ない問いを抱えたまま、また僕は自分の日常に帰る。たとえそれがどれほど小さくとも、誰かの何かの役に立てていますようにと願いながら、明日、帰る。

人間、生きているといろいろあるし、たいていは失敗するし、みんな自分が大事だし、ずるかったり悪かったりするけれど、ときどきとても人に優しくなれる。落語ってそういう僕たちの姿を見せてくれるものだと思う。

言葉って、頭の中にあるドロドロしたごった煮のようなものを掬い取る濾し器だから、言葉を使えば大きな具は手に入るけど、どうしても掬い取れないスープや具は残ってしまって、これを掬うにはもっと肌理の細かな言葉か、いっそのこと言葉とはまるで違うスプーン状の何かを用意するしかない。

困っていることがあって、そのためにどうしてもお金が必要で、そしてそこにつけこまれて目の前に大金を積まれたらまちがいなく僕は転ぶ。もうゴロゴロと何回転もする自信がある。だからあまりそういう人のことを厳しく責められない。もちろんダメなものはダメだけど。

「うちは、およそ二十万年前から続いている家系でしてね。人類の歴史とほぼ同じ長さなんですよ」

祝祭を担う者たち

二〇一七年度　東京藝大卒業式に出席したときに書いた感想。

上野駅を出て緩やかな坂を上り、公園に入る。気温は五度くらいだろうか。傘を持つ手が悴んで痛い。雨の中、中国からの観光客らしき人たちが、花が開いたばかりの桜にスマートフォンを向けている。美術館のそばを通り抜け珈琲店のある角を左に折れると、やがて道を挟んだ両側に門が現れる。右手の門には東京藝術大学卒業式場と書かれた看板が立てかけられており、その前で着物を着た卒業生が母親とともに写真を撮っている。門の脇には看板前で写真を撮るための長い行列ができていて最後尾というプラカードまで用意されている。

ごくたまに頼まれて講義をしたり学生のイベントに呼ばれたりする以外、ふだん僕は大学というものに殆ど縁がない。ましてや卒業式を見る機会などまったくない。

男性も女性も着物を身につけている人の割合が多いように思う。妙に着こなしが板についているように感じるのは、やはり日頃から着物を着る機会が多いからなのか、それとも藝大という名前に僕が先入観を持っているからなのかはわからない。

敷地の中を進んで行くと目的の建物が現れる。奏楽堂だ。一階部分が半地下のようになっているので、中に入ろうとするとそれまで僕が歩いてきた道からは階段を降りなければならない。階段の上から見下ろすとガラス張りの建物の前には傘がずらりと並んでいる。色とりどりの着物と傘が混ざり合って万華鏡のように見えた。

傘の脇をすり抜けるようにして会場に入る。言ってみればいわゆる音楽ホールなのだが天井がとても高く客席の傾斜もかなり急だ。左右の壁にはボックス席のようなものも設えられ、ちょっとしたオペラハウスのような趣さえある。なるほどこの天井の高さを確保するために半地下にしたのだろう。舞台の奥では巨大なパイプオルガンが照明の光を受けて鈍く光っていた。

次々に入ってくる学生たちは何人かずつ連れ立って空いている席に座っていく。基本的に席は自由らしい。さりげなく首を回して見るが誰もが落ち着いた表情をしている。

ゆっくりと照明が落ちた。司会者の「奏楽」という言葉を受けて、金管のアンサンブルが登壇し演奏が始まる。こうした式典で生演奏が行われる学校も無くはないだろうが、なんとなくさすがは藝大だなあと思ってしまう。

学位の授与が始まると奏楽堂の中がしんと静まり返った。若者がこれだけ集まれば、どこからともなくガサガサとした音が聞こえてくるものだと思いがちだが、殆ど音はしない。ごくたまに咳払いと紙の音が場内に小さく響くだけだ。そして少し離れたところから耳に届く衣摺れ。衣擦れが聞こえるなんてと僕は驚く。壇上にいる学長の声は、おそらくマイクなしでも十分に聞こえるだろう。それほど静かなのだ。

しんという表現がしっくりくる。こっそりスマホを見ている者も、まあ、多少はいるものの、なるほど彼らは聴くという行為に抵抗がないのだ。聴くことは得ることだと体験的に知っているのだろう。

学位や賞の授与がすべて終わると再びすっと照明が落ちた。完全に暗転した舞台から学長がそっと退席していく。一体何が起こるのだろうか。やがて音楽が流れ始めスクリーンに大きな写真が映し出されると、それまでずっと静かだった客席から初めて大きな声が上がった。おそらく卒業する学生たちの四年間を振り返る写真なのだろう。

写真が映されるたびに客席からは歓声やどよめき、笑い声が上がる。それにしてもこの写真、お祭りだらけじゃないか。遊んでばかりじゃないか。どうも東京藝大はお祭りばかりやっているように見えるぞ。そんなことを考えているうちに、しだいに学生たちがそれぞれ作品を作っている様子や発表会などの様子が映し出されていく。お祭りから始まってやがて作品へ。なるほど、そういう演出なんだな。

最後に映し出されたのは今日のこの式典の写真。たった今撮ったばかりの写真をスライドに入れてくるとは味なことをやるなあ。こういうのは映像系の先生や在校生がやるのだろうか。

薄暗い会場の中で、そんなことをぼんやり考えていると、不意に左右の壁と天井を、数え切れないほどの星が埋め尽くした。なかなか凝った照明だ。おおという歓声の上がる中、壇上ではいきなりバイオリンの演奏が始まる。弾いているのは学長だ。

学長は演奏が終わるとそのまま演台へ移動した。続けて式辞を述べようという演出なのだ。演台に立って、ちょっとだけ得意満面な表情をした学長に思わず僕は噴き出しそうになる。

「いま演奏した曲は、ブラームスのF．A．E．ソナタ、スケルツォです」そう言って学長の話が始まった。

シューマン、ディートリヒ、ブラームスが三人で作曲したヴァイオリンソナタ。F．A．E．とは、Frei aber einsam（自由に、だが孤独に）の頭文字だ。その頭文字をそれぞれ音符のF（ファ）、A（ラ）、E（ミ）に見立てることで、この曲の主題は作られている。

芸術にとって、自由であることは何よりも重要だ。けれどもその自由は、孤独と引き換えに得られるものでもある。新しい世界を創り出そうとする者は、誰一人いない地平にたった一人で立たなければならない。僕はそっと顔を横に向け、同じ列に座っている卒業生たちの様子を伺った。誰もが身じろぎもせず壇上を見つめている。その真剣な眼差しの一つが一瞬だけ、僕に向けられた。お前には孤独を引き受ける覚悟があるか。そう問われたような気になる。

「枠にとらわれず、周囲に流されず」

学長の式辞はダジャレも交えたユーモラスなものだった。

「芸術がなくても生きていけるという者もいるが、芸術は人間が人間らしく生きるために必要なのだ。そこに貢献して欲しい」

すぐに役立つものばかりが求められがちな今だからこそ、芸術家の担う役割は大きいのだという強いメッセージだった。

そのメッセージを真剣に聞く若者たちの姿を見ていると、彼らと同じように、ものづくりに携わる僕自身も、自分にできることをあらためて考え直そうと思った。

式典の終盤、役員や理事が壇上から退席して行く。最後に残った学長が頭を下げると、一際大きな拍手が沸き起こった。単に学長だからということではなさそうで、学生と学長の距離の近さを感じさせるものだった。教員がずいぶん慕われているのだなあ。どうやら藝大って、とてもアットホームな学校のようだな。そんな印象を受ける。

最後の奏楽が終わり、式典がすべて終了したあと、僕は卒業したばかりの学生たちに紛れ、奏楽堂の出口に向かった。出口に近づくに連れて、何やら外から激しいリズムが聞こえてくる。

雨の中、サンバを演奏している学生たちがいた。楽器を奏で踊っている。着物を着ているのは卒業生なのだろうか。やっぱりここはお祭りの学校なのかも知れない。そうだ、踊れ。踊れ。

人間がただ生きるだけの存在だとすれば、そこに祭りは要らない。けれども、人間が人間として生きるのなら、生と死の間を生きる存在であるためには、やはり祭りが必要なのだ。芸術は祭りだ。人間の暮らしを彩る祭りだ。

今この場所から、その新たな担い手たちが巣立つ。

その瞬間を僕は目撃したのだった。

客「ねぇ、電池ってどこ？」
僕「わかりませんね」
客「ちょっと、あんた何それ？」
僕「え？　いや、でも」
客「あなた態度悪いわね」
僕「はあ」
客「それがお客への態度？」
僕「僕、店員じゃないですから」
客「……」
僕「……」
客「店員っぽいのが悪い！」
僕「すみません」

去年ロンドンに行ったときに、車椅子の人が地下鉄の駅にいたら、その辺の乗客が「ん？　乗る？　よっしゃー、場所あけろー、よーし、えいっ」って感じで、みんなでひょいと車内に移動させるのをよく見たんだけど、日本だと「ただいまお客様をご案内しております」ってアナウンスが流れて駅員対応なんだよね。

今日は入社式があるところも多いだろうけれど、そういう式典で社長だの役員だのが話すことはぜんぶ嘘だし、先輩たちが教えてくれることもぜんぶ嘘だよ。四月一日の午前中に入社式をやるのは新入社員を騙すためだからね。

何か変だと思っていたら、Tシャツの表裏が逆で、さらに前後ろも逆だった。何ひとつあってない。

同級生とか同学年って、たまたま同じ地域で同じ年に生まれたっていう理由で一か所に集められただけなのだから、別に友達である必要なんてないんだよね。

解説

田中泰延

すでに深夜である。いや、もう早朝といってもいいだろう。二十年前であれば、この時間にたとえペラ一枚であろうとも、何らかの原稿を入手しようと思えば、これはもう書き手の元へ直接出向くより他なかったのだが、今や遠く離れたところからでも瞬時に原稿を送り受けできる時代である。書き上がるのをただ待っていればいいのである。待っていれば、そのうち原稿が届くのである。届く筈なのである。

ええ、今これを書いているのは浅生鴨です。田中泰延さんじゃないです、はい。

だがしかし、田中さんの原稿は遅れに遅れて『雑文御免』の入稿には間に合わず、全米が大いに泣いたのであった。せめてなんとかこの『うっかり失敬』のほうだけは印刷に間に合って欲しいと、今、人類は天を仰ぎ、地に伏し、祝詞を唱え、歌を歌い、原稿を待っている。

だがすでに深夜である。いや、もう早朝といってもいいだろう。まもなく印刷所へ原稿を送る締め切り時刻が来る。はたして田中さんの原稿は間に合うのか。まだ箱根あたりにいるんじゃないのか。大丈夫なのか。
目の前に置かれた携帯電話からピンという金属音が聞こえた。ショートメッセージの着信を知らせる音だ。そう、原稿が届いたのだ。わずか一行であっても、それはまぎれもなく原稿なのである。ついに、ついに人類の歓喜する時が、訪れたのだ。
それではご覧いただきましょう。田中氏からのショートメッセージです。

「うっかりしてました。失敬、失敬。」

（青年失業家・コピーライター）

※この文章は、田中泰延氏に許諾をいただいた上で、浅生鴨が妄想で適当に書いたフィクションです。実在する田中氏や実際の田中氏の原稿の遅れとは、それほど関係ありません。少ししか関係ありません。あらかじめご了承ください。

感謝

茂木直子
斉藤里香
藤井裕子

小笠原宏憲

ショウコさん

クロ
タマ
チョビ

ミケ

彼のいた世界。彼のいない世界。
そうやって少しずつ変わっていくんだ。この先もきっと。

浅生 鴨（あそう・かも）
作家、企画者。1971年、兵庫県生まれ。たいていのことは苦手。
著書『アグニオン』（新潮社）、『猫たちの色メガネ』（角川書店）、『伴走者』（講談社）、『どこでもない場所』（左右社）他

うっかり失敬《しっけい》

neconos

　Printed in Japan

二〇一九年　五月二十四日　初版第一刷発行
二〇二〇年　五月二十四日　第三刷発行

著　者　浅生《あそう》　鴨《かも》

発行所　ネコノス合同会社
郵便番号一〇七—〇〇六二
東京都港区南青山二—二二—一四
電話　〇三—六八〇四—六〇〇一
FAX　〇三—六八〇〇—二二五〇

印刷・製本　シナノ印刷

定価はカバーに表示しています。

ISBN 978-4-9910614-1-7 C0195